Antroposophia Theomagica: D.i. Eine Rede Von Der Natur Des Menschen Und Seinem Zustande Nach Dem Tode

Thomas Vaughan

ANTROPOSOPHIA THEOMAGICA,

Das ist,

Eine Rede von der

Natur des Menschen, und
seinem Zustande nach dem
Tode,

an

Seines Schöpfers erste Chy-
mie gegründet, und durch eine mit
der Hand verrichtete Untersuchung
derer Anfänger der grossen Welt
bekräftiget

von

EUGENIUS PHILALETHA.

Daniel.

Viel werden hin und her lauffen, und
die Erkäntniß wird vermehret
werden.

Zoroaster in Oracul.

Höre die Stimme des Feuers.

Aus dem Englischen übersetzt.

Leipzig und Hof,
Verlegts Johann Gottlieb Vierling, 1749.

Vorrede des Autoris an den Leser.

Ich sehe dieses Leben als einen Fortgang eines königlichen Wesens an;
die Seele verlässet nur, um das
Land zu besehen, ihren Hof. Der
Himmel hat einen Schau-Platz
der Erden in sich; hätten sie nun die Abbildungen
vergnüget, wäre sie nicht weiter, als die Land-
Karten anweisen, fortgereiset. Aber vortrefliche
Muster zeigen ihre Vorspieler an: die im Vorbilde so lieblich prangende Natur, konte ja nach
der an ihr vollendeten künstlichen Ausarbeitung
nicht heßlich erscheinen. Dieses beweget sie,
hieher zu lauffen, und das Gepräge nach dem
Stempel zu untersuchen, indem sie aber in ihrer
Symmetrie fortschreitet, bereitet sie dasselbe.

GOtt, der seine eigene Schönheit liebet, bereitet ein Glaß, um sich durch einen Gegenschein
zu sehen; die Zerbrechlichkeit aber der Materie,
und die Abschneidung derselben von der Ewigkeit, verursachten dem Zusammengesetzten eine
Auf-

Auflösung: Die Unwissenheit gab solcher Erledigung den Namen des Todes, die doch eigentlich der Seelen gebühret, und ein Geleits-Brief ihrer Freyheit ist: Sie hat zwar unterschiedliche Wege, das Haus zu zerbrechen, der beste aber ist ohne einige Krankheit. Dieser ist ihr geheimer Wandel, ein Ausgang nur bloß zur Wiederkehrung, wie es denn ohne Schaden ihrer gemietheten Wohnung geschiehet, wenn sie durch dieses Thor wegziehet. Die Weisen sagen mir: Anima unius Entis egreditur, aliud ingreditur, d. i. Die Seele eines Wesen gehet aus, und gehet in ein anders wieder ein. Etliche, so dieses untersuchet, haben es vor eine Verschwendung derer Einflüsse gehalten, als ob die Seele ihre königliche Macht vor Augen sehen liesse, oder eine blinde Gewalt in denen Schweiß-Löchern hätte: aber das heisset der Weisen Lehr-Sätze nach der schlechten äuserlichen Schaale der gemeinen Welt-Weisheit beurtheilen. Wir leben in einer Zeit verständiger Leibeigenschaft, wenn man etwas ausserordentliches antrift, so beschneidet man es mit Unterscheidungen, oder besudelt es mit falschen Auslegungen, so lange, bis es denen Meynungen des Aristotelis ähnlich siehet, dessen Nachfolger ein so gutes Vertrauen zu seinen Anfängen haben, daß sie nicht, was andere sprechen, zu verstehen suchen, sondern andere, was sie verstehen, zu reden zwingen. Es ist in der Natur eben wie mit der Religion, wir schmücken noch immer die alten Anfänge, und

suchen

suchen nicht die neue Welt, so jenseits lieget.
Der Apostel Hebräer 6. erzehlet es uns.
Darum wollen wir die ersten Anfänge der Lehre JEsus Christus dahinten lassen, und zur
Vollkommenheit schreiten, nicht abermahl
Grund legen von Busse der todten Werke, vom
Glauben an GOtt, von der Lehre der Tauffe
und Hände-Auflegen, von der Auferstehung und
dem ewigen Gerichte; denn er redet von Erleuchtung, vom Genuß derer himmlischen Gaben, von der Theilhaftigkeit des Heiligen Geistes, von Schmeckung des guten Worts GOttes, und denen Kräften der zukünftigen Welt.
Solte ich nun einige Secten (denn es ist keine Gemeinschaft in dem heutigen Christenthum) fragen, wohin doch diese letzteren Anweisungen zie-
leten, werden sie mich auf die ersten Unterrich-
tungen weisen, oder einen leeren Vorwand des
Geistes herbeybringen. Unsere Naturkündiger
sind fast gleiches Schlages mit jenen, welche derer Propheten, und vorher gegebener Ausgänge
Vorzug, in Abbildungen und Bewegungen sich
anmassen. Es ist aber eine Folge, die so viel
Grundes hat, als wenn ich, sehend einen sein
Kriegs-Volk übenden König, zugleich aus seinen Geberden sein Vorhaben erforschen wolte.
Bruder Bacon wandelte in Oxfort zwischen
zweyen Pfeilern, wer aber daraus seine Gedanken errathen wolte, wäre eher seinem Narren,
als seinem Gesellen zu vergleichen. Wenn die
Peripatisten etwas von der Seele, oder einem un-

(Eug. Philal.) L tern

tern Anfange reden, gehet ihre Beschreibung
nur auf die äusserlichen Umstände, das ein jeglich
Kind verrichten kan, setzen aber nichts wesentliches: Also richten sie alle nach dem Ansehen,
und ihre Gelehrsamkeit ist nur eine Belustigung
des Verstandes, die nicht in das Herz der Natur dringen kan; nichts destoweniger erkenne ich
die Schul-Gelehrten vor sinnreiche Leute, sie fas-
sen nur ihre Anfänge unrechtmässig, und schreiben an statt der Art und Weise Regeln vor, da
sie doch keine Materie haben. Ihre Welt-
Weisheit gleichet sich einer Kirche, die lauter
Zucht, und keine Lehre hat; Ziehet mir nur ihre
Ansprachen, die Weise ihres Wort-Wechsels,
ihre Erzehlung unterschiedliche Meynungen,
samt vielen andern weitschweiffenden Reden ab,
so werden alle die übrigen Possen sich verschlei-
chen, und so wenig, als das Quecksilber, sich
aufhäuffen.

Nächst dem ist ihr Aristoteles ein Poet in un-
gebundener Rede, seine Anfänge sind Einfälle,
die mehr auf unsern Bewilligungen, als auf ihrem Grunde ruhen. Daher geschicht es, daß
seine, ob schon zu einem vollkommenen Alter ge-
langeten Nachfolger, nichts als leere Wissenschaften aus ihm holen können, die sie, wie er saget, daß Lycophron seine Lob-Wörter gebrauchet habe, nicht als Gewürze, sondern als ordentliche Speisen geniessen. Darum ist es besser,
eine Schlacht in Quixot, um wahrzunehmen,
was vor Balgereyen sie mit ihm vorhaben: Einer

ner beschuldiget ihn, daß er vernünftig, der andere unvernünftig, und der dritte beydes zugleich rede. Aquinas greiffet ihn gelinde an: Scotus machet ihn zu einer Preß-Spindel, und er ist wie ein Affe, der allerhand Possen nachthut, abgerichtet. Wenn wir seine Widersacher ansehen, so hat ihn der geringste unter ihnen zu Boden geworfen; Telesius hat ihn auf den Kopf geschlagen, und Campanella hat ihn fast gar zu nichte gemacht: Weil aber dieser kahlköpfichte Vorfechter des Tummel-Platzes seinen Schedel dermassen durch den Gebrauch verstählet, sind alle an ihn abgeschossene Pfeile zurück geprallet. Also ist dieser Aristoteles durch zänkischen Wort-Streit groß worden, den die Welt immer wieder aufschreyet, wenn ihn die Wahrheit todt haben will. Die Peripatisten schauen GOtt als einen Künstler an, der mit Holz und Steinen, ohne Eingiessung des Lebens, bauet, da doch die Welt, als GOttes Gebäude, voll bewegenden lebendigen Geistes ist, der alle Gebähr- und Vermehrungen derer Erze, Erdgewächse, und aus der Fäulung gezeugeten Thiere verursachet, welches alles offenbahre und unbetrügliche Beweißthümer des Lebens sind, auser welchem auch das ganze Welt-Gebäude seine Beseelung vor sich ganz klar entdecket. Der Erdboden, welcher der sichtbare natürliche Grund desselbigen ist, stellet die groben fleischernen Theile vor: das Element des Wassers beziehet sich auf das Blut, denn darinne schläget der Puls der grossen Welt,

L 2 den

den die meisten Ebbe und Fluth nennen, dessen
wahrhaftige Ursache aber sie nicht verstehen:
die Luft ist der auswendige erquickende Geist,
da diese grosse Creatur, wiewohl unsichtbar,
doch nicht ganz unempfindlich, Athem holet.
Die darzwischen stehenden Himmel sind derselbigen lebendige geistliche Wasser, und die Sternen ihr seelisches empfindliches Feuer. Hier
wirst du vielleicht sprechen, das ist eine neue, und
jene, des Aristotelis, eine alte Welt-Weisheit;
sie ist es in Wahrheit, aber nach demselben
Sinn, wie die römische Religion. Nicht die
anfängliche Wahrheit der Schöpfung, oder die
würkliche Theosophia der Hebräer und Egyptier, sondern eine widernatürliche Mißgeburth
und ausgespeyete Unflätherey des Aristoteles ist
es, welche seine Nachfolger mit grossem Fleiß
auflecken und verschlingen. Ich überreiche dir
hiemit nicht eine überlautschreyende Entgegen-
setzung wider ihren Gönner, sondern eine festge-
stellte Ausdrückung derer in der Natur gefunde-
nen Anfänge, von denen ich, was Moses von dem
Wort, Es werde, gesprochen, sagen kan. Dieses sind die Geburthen des Himmels und der
Erden, an dem Tage, da GOtt der HErr die
Himmel und die Erde gemacht hat. Gen. 2. v. 4.
Es sind Dinge über unser Verstand, empfind-
liche, in der That bestehende Wahrheiten, und
nicht blosse umschweiffende Grillen des Gehirns;
auch will ich meinen Fleiß nicht als eine Absicht,
dich gefangen zu nehmen, angesehen haben, der
ich

ich nicht suche dich zu überwinden, sondern deinen
Verstand zu üben, nicht daß du meinem Vorgeben beyzupflichten dich verschwören sollest, ver-
gleiche nur meine Schluß-Reden mit der Natur,
und untersuche derer Uebereinstimmung. Erwege doch, daß Widerspenstigkeit die Seele leib-
eigen mache, und ihr die Flügel, so ihr GOtt zum
Aufschwingen und Erforschen gegeben, verschnei-
de. Wilt du von deinem Aristoteles nicht ab-
lassen, so muß kein Vorurtheil dein ferneres Nach-
suchen hindern. Groß ist die Zahl dererjenigen,
welche, wenn sie sich nicht vor vollkommen gehalten, vielleicht zur Vollkommenheit gelanget wären. Dieses ist meine Erinnerung, aber wie angenehm sie dir seyn wird, das weiß ich nicht.
Wilt du nur um dich strampen und stossen, werde ich, daß mein Esel auch hinten ausschlage, mit
dem Cardinal antworten. Denn derer Menschen Urtheil achte ich wenig, wir leben in einer
Zeit, da die Wahrheit einer Mißgebährung nahe
kömmt, darum ists genug, daß ich am Tage der
Nothwendigkeit vor sie erschienen bin.

London, 1650.

Eugenius Philaletha,

ANTRO-

ANTROPOSOPHIA
THEOMAGICA.

Als ich diese Wahrheit, daß der Mensch nach seinem Ursprung ein in GOTT gepflanzter Zweig war, ausforschete, und also folglich ein immerwähren-der Trieb von dem Stamm zu dem Gipfel seyn müste, betrübten mich dessen Verdorben-heiten nicht wenig, und ich entsetzte mich, daß seine Früchte mit der Wurzel nicht überein ka-men. Da ich aber erfuhr, daß er von einem an-dern Baume gekostet, hörete meine Verwunde-rung alsobald auf, und ließ ietzo dieses, um ihn in seine erste Einfalt zurück zu führen, und alle Vermischungen des Bösen und Guten von ihm abzusondern, meine vornehmste Angelegenheit seyn. Aber durch seinen Fall waren dessen edel-sten Theile so gar zuschmettert, daß seine Seele ihm eine Heilung zu verschaffen, dem die Strafe wegen begangener Missethat auf dem Fusse fol-gete, keine Erkäntnis übrig gelassen hatte. Ve-lata sunt omnia, intravitque oblivio, mater igno-rantiæ. Cornel. Agripp. de Vanitat. Scient. d. i. Alles ist verhüllet worden, und ist die Vergessen-heit, als des Unverstandes Muster, hinein gegan-gen. Dieser Tod nun beruhete nicht bey seinem Leibe, sondern gebrauchete, nachdem er sich mit seiner Natur vereinbaret, dessen Nachkommen-schaft zu seinem Canal, die Unvollkommenheiten

waren

waren seine bequeme Erbschaft, die Tugend
aber fand gar selten einen Erben. Der Mensch
hatte anfänglich, und also haben alle Seelen, ehe
sie in diesen Leib eingehen, explicitam & metho-
dicam cognitionem, eine entfaltete und richtig
verfassete Erkäntnis, sie sind aber kaum mit dem
Leibe verhüllet, so ist diese Freyheit schon verlohren, und bleibet nichts als eine weitläuftige unor-
dentliche Wissenschaft von der Creatur übrig.
Also war mir nur eine Fähigkeit ohne Vermögen, und ein Wille, das zu thun, was doch allzu-
ferne über mich gehet, hinterlassen. In solcher
Bekümmernis lernete ich unterschiedliche freye
Künste, und durchlief alle diese Erfindungen,
welche die Menschen aus Thorheit Wissenschaften nennen. Weil aber diese Bemühungen zu
meinem Vorhaben nicht dieneten, verließ ich solches Bücher-Geschäfte, und hielt es vor einen
bessern Lauf, die Natur an statt derer Meynungen zu ergründen. Hierauf betrachtete ich bey
mir selber, daß nicht der Mensch, sondern die
Welt, aus welcher er geschaffen, das anfängliche
unmittelbare Werk GOttes sey, und mit ich
meinen Fleiß in eine richtige Ordnung verfassete,
hielt ich vor geschicklich, zuerst seine Anfänge, und
nicht ihn selbst zu erforschen. Weil aber die
Welt insgemein zur Untersuchung zu weit, be-
schloß ich, ein Theil, an statt des ganzen zu nehmen, um daraus ihre Proportion zu erforschen.
Dieses mein Vorhaben zu bewerkstelligen,
nahm ich mir vor, die Früchte eines Frühlings

zu betrachten; hie bemerkte ich eine grosse Menge zu ihrer Zeit frische und liebliche Erdgewächse,
als ich aber auf ihren Ursprung zurück sahe, waren sie keine solchen Dinge, als die Erdgewächse.
Diese Betrachtung zog ich auf die Welt, und ge-
wann dadurch folgenden Schluß: Daß die
Welt im Anfang kein solches Wesen, als sie nun
ist, sondern ein anderer Saame oder Materie
war, aus welcher dieses Gebäude, das uns vor
Augen schwebet, entstund. Hier gieng ich mit
meinem Schlusse noch weiter fort, und spührete,
daß diese Saamen, davon die Erdgewächse ent-
springen, anfänglich etwas anders als Saamen
seyn müsten, als die eine vorhergewesene Materie
hätten, davon sie gemacht würden, was aber dieses vor eine Materie seyn solte, kunte ich nicht errathen, da muste ich von meiner Betrachtung ab-
lassen, und mich zu der Erfahrung kehren, ich such-
te die Welt, und gieng neben ihr vorbey, und fra-
gete nun nach einer Materie, die ich doch ohne
Kunst zu sehen, nicht vermochte, indem sie die Natur sehr wunderbar in ihren Busen einbindet,
leget auch in nichts anders, als ihren eigenem
himmlischen Athem vor Augen. In Ansehung
aber, daß GOtt der Allmächtige so wohl der Gebährung als auch vormahliger Schöpfung nach,
der einige, eigentliche, und unmittelbare Wür-
ker dieser Materie ist, wird es nicht vergeblich
seyn, damit wir den Ursprung durch die Creaturen, und die Creaturen durch ihren Ursprung erkennen, etwas von ihm zu reden.

GOtt,

GOtt, meines Lebens Kraft, es ist kein Mensch
zu finden,
Der deines Wesens Licht kan eigentlich er-
gründen,
Ich nahe mich zu dir, als ein unnützer Knecht,
Der mit Gedanken oft begehet das nicht
recht.
Wenn ich betrachte das, wie sehr ich von dir
weiche,
Und wider meine Pflicht auf bösen Wegen
schleiche,
So scheinet mein Geber ein Uebermuth zu seyn,
Mein Herz verdammet mich, o der Gewis-
sens-Pein!
Wie darf ich Sünden-Kind mich dessen unter-
stehen
Den allerhöchsten GOtt um Rettung an-
zuflehen,
Weil ich mit Eitelkeit als überschüttet bin,
Die fest gefangen hält den unterdrückten
Sinn.
Gleichwie der Maulwurf sich mit Erde ganz
bedecket,
Und vor des Lichtes Glanz darinnen sich ver-
stecket,
So ist es auch mit mir, ich wühle in der Welt,
Und suche nicht mit Fleiß das hohe Himmels-
Zelt.
Bekehre mich, o GOTT, entbinde meine
Seele,
Die eingekerkert liegt in dieser Leibes-Höle,

L 5   Denn

Denn sie beschweret mich als eine Last vom
Bley,

Drum mache mich doch bald von solchem Leibe frey.

HErr, wende dich zu mir, laß mich dein Licht er-
blicken,

Sonst wird die Finsternis mich ganz und gar er-
sticken:

Ich wolte gerne dich und deinen hellen Thron
Einst sehen, der du bist selbst deiner Knechte
Lohn.

Gieb, daß ich werde hier im Herzen neu gebohr-
ren,

Damit ich samt der Welt nicht ewig sey verlohren;

HErr, führe du mich aus, weil mir die Macht
gebricht,

Nimm weg die Finsternis, und sprich: Es
werde Licht.

Es ist GOttes eigene und fest gesetzte Wahrheit: Im Anfang, das ist, in dem todten Stillschweigen, in der erschrecklichen und leeren Finsternis, als noch nichts gebildet war, spricht der
HErr bey dem Esdras, überlegte ich diese Dinge,
welche allein durch mich und keinen andern geschaffen wurden, durch mich und keinen andern
sollen sie auch geendiget werden. Daß nun die
Betrachtung bey jeglichem herrlichen Werke
voran gehet, ist eine dem Menschen so wohl bekannte Sache, daß er davon keine fernere Erwei-
sung, wohl aber allein dererselben Verrichtung
nöthig

nöthig hat. Das auch in GOtt etwas vergleich-
liches (Analogicum) sey, mit demjenigen, davon
der Mensch sein gewöhnliches Erkäntnis schöpf-
fet, stimmet so wohl mit der gesunden Vernunft,
als auch der Göttlichen Vorsehung überein.
Dii (sagt Jamblicus) concipiunt se totum opus,
antequam parturiunt. Die Götter empfangen
erstlich in sich das ganze Werk, ehe sie gebähren.
Und der Geist spricht hier zu dem Esdras: Da
überlegte ich diese Dinge; er bedachte sie erst und
schuf sie hernachmahls. GOtt in seinem ewigen Bilde (Idea) sahe alles dasjenige vorher, davon kein wesentlicher Abdruck gegenwärtig war.
Die Güte und Schönheit des einen, bewegte ihn,
das andere zu schaffen, und gewißlich, das Ebenbild seines ersten Vorbildes, nachdem es sich mit
dem andern vereinbaret, bewegete ihn zu solcher
Liebe gegen seine Creatur, daß, da sie von der
Sünde war ungestält worden, er dieselbe durch
das Leiden desselbigen Musters, nach welchem
er sie erstlich bereitet, wieder herstellete. Dionysius Areopagita, welcher in denen ersten Zeiten
des Neuen Testaments gelebet, und die Geheimnisse der Gottheit unmittelbar von denen Apo-
steln empfangen, nennet bisweilen GOtt den
Vater Arcanum Divinitatis, die Heimlichkeit der
Gottheit; bisweilen nennet er ihn Occultum
illud supersubstantiale, das Verborgene Ueber-
wesentliche; und anderswo vergleichet er ihn
einer Wurzel, derer Blumen die andere und
dritte Person andeuten. Dieses ist wahr.

Denn

Denn GOtt der Vater ist der Untersatz oder übernatürliche Gründung seiner Creaturen: GOtt der Sohn ist das Muster, in dessen ausgedrückten Bilde sie geschaffen wurden: und GOtt der Heilige Geist ist der geistliche Werkmeister oder Beweger, der die Creatur zu einer richtigen Gleichförmigkeit des Vorbildes brachte; diese Betrachtung oder Vorbild hat GOtt in Bereitung seiner untern Werke bisher gebrauchet. Also gebeut er bey Einrichtung seiner Hütten dem Moses auf dem Berge, allwo der Göttliche Geist ihm die Abbildung derer künstig zu machenden Werke zeiget, im Exod. Und laß sie mir ein Heiligthum bereiten, daß ich unter ihnen wohne, nach alle dem, das ich dir zeige, nach dem Muster der Hütten, und nach dem Muster derer Werkzeuge derselbigen, eben so solt ihr sie verfertigen. Also unterrichtet uns der Göttliche Sinn, porrigendo ideas quadam extensione sui extra se, indem es sich ausser sich selbst ausdehnend, uns die Abbildungen darreichet, und bisweilen noch eigentlicher durch Träume. Dem Nebucadnezar stellet er einen starken, hohen, bis an die Himmel und von dannen an die Ende der Erden reichenden Baum vor. Dem Pharao zeiget er sieben Korn-Aehren. Dem Joseph erscheinet er in Gestalt derer Garben, und bildet ihm darauf die Sonne, Mond und Sternen vor. Zum Beschluß des gesagten: Es stehet ihm frey sich auszudrucken wodurch er will, denn in ihm sind unzehliche, ewige

Vor-

Vorbilder, und er ist der wahre Brunn und
Schatz derer Gestalten. Damit wir aber zu
dem vorgesetzten Ziel gelangen, so sage ich:
GOtt der Vater ist die übernatürliche und über-
himmlische Sonne, die andere Person ist das
Licht, und die dritte ist (Amor igneus) die von
beyden ausgehende göttliche Liebe oder Wärme, ohne derer Gegenwärtigkeit keine Empfa-
hung des Lichts, und dahero folglich kein Einfluß
von dem Vater der Lichter ist. Denn diese Liebe ist das Mittel, welches den Liebhaber mit dem
was es liebet, vereiniget, und nach aller Wahr-
scheinlichkeit jener grosse Geist des Plato, qui con-
jungit nos Spirituum præfecturis, der uns mit denen Schaaren derer Geister vereiniget. Von
dem Amte dieses liebenden Geistes könte ich
noch viel erzehlen, aber dieses sind die Wunder
GOttes und der Natur, und bedürfen nicht
sowohl unserer Rede, als unserer Ehrerbietung.
Hier könte ich auch von der übernatürlichen Geburth, deren Trismegistus gedenket, etwas anführen: Monas gignit Monadem, & in se suum
reflectit ardorem: Die Einheit gebähret die
Einheit, und blendet ihre Liebes-Flamme in
sich zurücke. Aber ich überlasse dieses dem allmächtigen GOtt, als sein eigenes, wesentliches
und inneres Geheimniß. Mein Vorhaben ist
nur auf die äuserlichen Handlungen, oder den
Ausgang der Dreyeinigkeit von dem Mittel-
Puncte zu dem Umkreiß, gerichtet: Und damit
ich solches desto besser beweise, so müsset ihr an-
mer-

merken, daß GOtt vor dem Werk der Schöpf-
fung in ihm selbst gleichsam eingewickelt und zusammen gezogen war.   In solcher Beschaffenheit nennen ihn die Egyptier Monadem solita-
riam, die einsame Einheit, und die Cabalisten
Aleph tenebrosum, ein finsteres A.   Als aber
der Beschluß der vorhabenden Schöpfung geschahe, erschien Aleph lucidum, ein hellleuchten-
des A. und der erste Ausfluß war von dem Heiligen Geist in das Herz der Materia.   Also lesen
wir, daß Finsterniß auf dem Angesicht der Tiefe
war, und der Geist GOttes bewegete sich auf
dem Angesicht des Wassers.   Hier bemerket,
daß, ungeachtet des Ausgangs der dritten Per-
sohn, dennoch kein Licht gegenwärtig, sondern
Finsterniß auf dem Angesicht der Tiefe war, indem die Erleuchtung eigentlich das Amt der andern ist.   Derowegen auch GOtt, nachdem die
Materia durch Liebe zur Fähigkeit des Lichts bereitet war, sein Wort, es werde Licht, von sich
gab, welches keine Schöpfung, wie die meisten
davor halten, sondern ein Ausfluß des Worts
war, in welchem das Leben, so das Licht der Menschen ist, sich befand.   Dieses ist das Licht, wovon S. Johannes redet, daß es in der Finsterniß
scheine, und die Finsterniß begreiffe es nicht.
Damit ich aber in diesem Stück nicht etwas
sonderliches vorzugeben scheine, will ich euch solches mehr erläutern.   Der den Trismegistum in
dem Werke der Schöpfung unterrichtende
Pimander lehret ihn eben dasselbige: Lumen
illud

illud ego ſum, meus, DEus tuus, antiquior quam
natura humida, quæ ex umbra eſtulſit; d. i.
Daſſelbige Licht bin ich, das Gemüth, dein GOtt,
der älter als die feuchte Natur, ſo aus dem
Schatten hervor geleuchtet hat.   Und Georg.
Venetus in ſeinem Buche de Harmonia Mundi:
Omne quod vivit, propter incluſum calorem
vivit, inde colligitur, caloris naturam vim habere in ſe vitalem, in inundo paſſim diffuſam:
Imo omnia ex igna facta eſſe teſtatur Zoroaſter,
dum ait: Omnia ſub igne uno gentia ſunt. Igne
quippe illo quem DEus igneæ Eſſentiæ Habita-
tor (ut Plato ait) ineſſe juſſit materiæ cœli & terræ
jam creatæ, rudi & informi, ut vitam præſtaret
& formam.   Hinc illis productis, ſtatim ſubintu-
lit Opifex, ſit Lux: pro quo mendoſa traductio
habet, fiat lux;   Non enim facta eſt lux, ſed rebus adhuc obſcuris communicata & inſita; ut in
ſuis formis claræ & ſplendentes fierent; d. i.
Alles was lebet, das lebet wegen des ihm einver-
leibten Feuers.   Daher wird geſchloſſen, die
Natur der Wärme beſitze eine lebendigma-
chende Kraft, welche ſich über die ganze Welt
ergoſſen; ja, daß alles aus Feuer urſtände, be-
zeuget Zoroaſter, ſagende: Alles iſt durch das
einige Feuer gezeuget.   Verſtehe durch dasjenige Feuer, welchem GOtt, als der Bewohner
dieſer feurigen Eſſenz, wie Plato redet, der allbe-
reit erſchaffenen groben und unförmlichen Materia des Himmels und der Erden, einzuwohnen
befohlen, auf daß ſie das Leben und Geſtalt be-
käme:

käme: Derowegen, so bald sie hervor gebracht
waren, sprach der Schöpfer, es sey Licht: An
statt dieser Rede, die falsche Uebersetz- und Auslegung eingeschlichen, es werde Licht. Denn
das Licht ist nicht gemacht, sondern denen annoch
finstern Dingen eingepflanzet und mitgetheilet
worden, auf daß sie in klar- und helleuchten-
der Gestalt erscheinen möchten. Wir gehen
aber weiter. Es hatte kaum das göttliche
Licht auf der Materia gewürket, so erschien bereits
das Bildnis oder Muster der ganzen wesentlichen Welt in denen anfänglichen Wassern wie
ein Ebenbild in einem Glase: Nach solchem
Muster modelte und bereitete der Heilige Geist
das allgemeine Gebäude. Dieses Geheimniß
der Erscheinung des Bildnisses wird vortreflich
durch die magische Auflösung derer Leiber vor
Augen gestellet: Denn wer die erste Chymie des
Geistes durch von einander Scheidung der
Anfänge, in welchen das Leben gefangen ist,
nachzuahmen verstehet, kan durch Erfahrung in
denen auswendigen natürlichen Kleidern den
Eindruck desselben sehen. Damit ihr aber
nicht gedenket, es sey dieses meine Erfindung,
und keine würkliche Wahrheit, will ich euch eines andern Mannes Zeugniß anführen. Quid
quæso (inquit) dicerent hi tanti Philosophi, si
plantam quasi momento nasci in vase vitreo
viderent, cum suis ad vivum coloribus, & rursum
interire & renasci, idque quoties, & quando
luberet? Credo Dæmonium arte magica inclu-
sum

sum dicerent illudere sensibus humanis; d. i.
Lieber, sagt er, was würden diese grossen Welt-
Weisen vorgeben, wann sie gleich als in einem
Augenblick eine Pflanze oder Kraut in einem
(verschlossenen) Glase, mit allen lebendigen Farben aufwachsen, wieder vergehen, und abermahls entstehen, und das so oft, als oft mans
nur beliebete, sehen solten? Ich glaube, sie würden sagen, der durch Zauber-Kunst eingeschlosse-
ne Teufel betrüge die menschlichen Sinnen.
Dieses sind Worte des D. Marci in seiner defen-
sione Idearum operatricium.   Ich erinnere euch
aber, daß ein zweyfaches Bildniß sey, ein gött-
liches und ein natürliches: Das natürliche ist
ein feuriger, unsichtbarer geschaffener Geist, und
eigentlich eine blosse Umfassung oder Kleid jenes
wahrhaftigen.   Daher nenneten es die Platy-
nischen Nimbus Numinis descendentis, ein Platz-
Regen des herabsteigenden göttlichen Wesens.
Zoroaster nebenst andern Weisen meynen, es sey
die Seele der Welt, aber mit ihrem Urlaub, sie
sind unrecht, es ist ein grosser Unterscheid zwischen
der Seele und dem Geiste.   Die Bildniß aber,
von welcher ich hier spreche, ist das wahre anfängliche Muster, und ein reiner Einfluß des
Allmächtigen.   Diese Bildniß drucket vor der
Zusammenziehung derer sämtlichen Anfänge in
ein grobes äuserliches Gehäuse, die das Ende der
Gebährung ist, in die lebendigen himmlischen
Anfänge ein Model oder Muster, nach welchen
der Leib zubereitet wird, und dieses ist die erste

(*Eug. Philal.*)   M   in-

inwendige Hervorbringung oder Abriß der
Creatur, welches uns auch der göttliche Geist
in derselbigen Schrift vorstellet, da er saget:
Daß GOtt ein jegliches Kraut des Feldes, ehe
es auf Erden war, und ein jegliches Kraut des
Feldes, ehe es hervorgewachsen sey, geschaffen
habe. Unangesehen aber der Gegenwärtigkeit
solches Bildnisses in der Materia, wurde doch
die Schöpfung nicht extramittendo aliquid de
Essentia Ideæ, durch Auslassung etwas von dem
Wesen des Bildes vollbracht: Denn GOtt ist
es, der die Creatur, und nicht die Creatur, die
GOtt umfasset.

So fern habe ich von dem anfänglichen Theile der Schöpfung gehandelt, ich muß gestehen,
es ist nur kurz, in Ansehung dessen, was davon
geredet werden könte; ich vertraue aber, es sey
mehr, als vormahls entdecket worden. Etliche
Urheber haben in dem Mittel-Punct der Natur
nicht so tief geforschet, und andere waren nicht
geneiget solche geistliche Geheimnisse gemein zu
machen. Nun komme ich zu dem groben Werke oder Gehäuse des Geistes, nehmlich der Abscheidung unterschiedlicher wesentlichen Stücke
von derselbigen Materia, und ich werde erstlich
den Saum desselbigen Wesens, darinnen alles
so wunderlich enthalten war, untersuchen. Es
ist die Meynung vieler und zwar gelehrter Leute,
daß dieser schlafsüchtige leere Anfang der
Creatur kein geschaffenes Wesen war. Ich
muß gestehen, der Zweck ist so dunkel als die
Sache

Sache selbst, und solches mit gesunden Verstande zu schliessen, ausgenommen, es wäre einer mit
demselbigen Lichte, das in diesem Chaos erstlich
war, erleuchtet, so ist es gar und ganz unmöglich.
Denn wie können wir von einer Natur, die von
unserer eigenen weit unterschieden, urtheilen, derer Gestalt auch von einer jetzt befindlichen Materia
so fern entlegen, daß es weder mit der Fantasie
zu begreiffen, noch durch die Vernunft in deutlicher Erklärung zu benennen möglich ist. So
fern es geschaffen worden, halte ich es vor die
Würkung der göttlichen Einbildung, die in Betrachtung dessen, was zukünftig war, über sich
selbst würkete, und diese leidende Finsterniß als
ein Wesen, darauf sie in dem Umkreisse arbeiten
wolte, hervorbrachte.   Trismegistus, nachdem
er sein Lichts-Gesicht erzehlet, beschreibet die Materia in ihrem anfänglichen Zustande folgender
massen: Paulò post (inquit) tenebræ deorsum
ferebantur, partim trepidandæ, ac tristes effe-
ctæ, tortuosæ, terminatæ: Ut imaginarer me
vidisse commutatas tenebras in humidam quandam Naturam, ultra, quam dici potest, agitatam,
& velut ab igne fumum evomere, ac sonum edere
inennaiabilem & lugubrem. d. i. Bald hernach (sagte er) würden die Finsternisse hinunter
gebracht, theils zitternd und traurig, theils ge-
krümmet und das Ziel erreichend: daß ich mir
einbildete, ich hätte die verwandelten Finsternisse
in einer feuchten, mehr als man sagen kan, hin
und her getriebenen, gleichsam Rauch vom

M 2   Feuer

Feuer ausspeyenden und einen unaussprechli-
chen traurigen Klang auslassenden Natur gesehen. Gewißlich diese Finsternisse, oder sich dem
Fisch-Rogen vergleichende rußhafftige Saame
der Natur war die erstgeschaffene Materia,
denn das Wasser, so im Buch der Schöpfung
beschrieben, war ein zweytes hervorgebrachtes
Wesen. Hier scheinet er auch mit Moses noch
ferner einzustimmen, denn der nach der Ver-
wandelung aufsteigende Rauch kan nichts anders als die Finsterniß seyn, welche auf dem Angesicht der Tiefe war. Damit ich aber den besondern Weg und Weise der Schöpfung
deutlicher ausdrucke, so wisset, daß in der Materia
ein erschrecklicher, verwirreter Dampf, oder
erstaunendmachender Geist der Feuchtigkeit,
Kälte und Finsterniß, in dem entgegen gesetzten
Anfange des Lichts aber Hitze, deren Würkung
Trockenheit ist, enthalten war, denn diese beyde
sind keine elementalische Eigenschaften, wie die
Galenisten und Peripatisten davor halten, sondern, wo ich so reden darf, die Hände des göttlichen Geistes, mit welchen er einem jeglichen
würkenden sein leidendes beyfügend auf die
Materia würkete. Gedachte beyde sind würkender und männlicher, jene aber, der Feuchtigkeit und Kälte, leidender und weiblicher Natur:
So bald nun der Heilige Geist und das Wort
(denn es war nicht das eine, noch das andere,
sondern beyde, Mens, Opifex, una cum verbo,
wie es Trismegistus giebet, ich geschweige der
Rede,

Rede, lasset uns Menschen machen, welche ihre
Vereinigung in dem Werke nachdrücklich beweiset) sich der Materia beygefüget hatten, wurde ein dünnes, geistliches, himmlisches Wesen
aus dererselben Schoos gezogen, welches, nachdem es eine Tinctur der Hitze und Lichts, die von
denen Göttlichen Schätzen hervor kam, empfangen, ein reines, lauteres und unschädliches
Feuer wurde, davon die Leiber derer Engel, wie
auch der obere Feuer-Himmel, da die verständigen Essentien ihren Sitz haben, bestehen.
Dieses war der erste Ehestand GOttes und der
Natur, primum matrimonium Dei & Naturæ,
die erste und beste unter denen Zusammensetzun-
gen; dieser oben eingerichtete und von dem
untern Klumpen abgesonderte Auszug enthielt
ein grosses Theil des Lichts in sich, und verur-
sachte den ersten Tag, ohne eine Sonne, als
aber der Glanz des Worts die Finsternis immer weiter hinunter trieb, zog sich dieselbe je mehr
und mehr nach dem Mittel-Punct zusammen,
und stellete eine entsetzliche Nacht vor. Also
war GOtt, wie es die Hebräer geben, zwischen
dem Licht und Finsternis, denn der Geist verharrete noch auf dem Angesichte des untern Theils,
um von demselbigen mehr auszuziehen. In
der andern Abscheidung wurde Aer agilis, eine
bebende Luft, die ein nicht so völlig geläuterter
Geist, doch aber voll Lebens, und am nächsten
mit jenen verwandt war, heraus gebracht.
Dieser wurde mit solchem Uebersluß ausgezogen;

daß er den ganzen Raum von dem Klumpen
an, bis zu dem Feuer-Himmel erfüllete, unter
welchen er im Wasser, das doch von anderer
Beschaffenheit als das elementalische, davon
auch der Leib des darzwischen stehenden Ster-
nen-Himmels bereitet ist, verdicket wurde.
Aber die, denen Anfängen des Aristoteles und
Ptolomæus folgenden Peripatisten haben sich da-
droben so viel Räder und unter einander stehende
Circel eingebildet, daß sie dieses ordentliche
Gebäude zu einem verwirreten Irr-Garten gemacht haben. Das untere Theil dieser zweyten Ausziehung von dem Mond an bis zur Erden, blieb noch Luft, theils die untern und obern
Wasser von einander zu scheiden, theils und vor-
nehmlich die athemholende Creaturen damit
zu nähren; diese wird eigentlich der Himmel
genennet, wie aus dem Esdras klar zu sehen: An
dem andern Tage schuffest du den Geist des
Himmels, denn er ist ligamentum totius naturæ,
der ganzen Natur Band, das in der auswendigen geometrischen Zusammensetzung mit der
Mittel-Natur überein kommet, weil sie durch
alle Dinge zerstreuet ist, die Ledigkeit verhindert,
und alle Theile der Natur in einer festen und
unüberwindlichen Vereinung zusammen hält.
Sie ist das Sieb der Natur, wie sie der Auctor
Physic. restitut. sehr geschicklich nennet, und ein
zu tief verborgenen Aemtern geordnetes Wesen,
davon wir bey der Handlung von denen Elementen insonderheit reden werden. Nun ist
nichts

nichts als die beyden untern Anfänge, die wir
gemeiniglich Erde und Wasser nennen, mehr
übrig geblieben. Die Erde waren unreine
schwefelichte Hefen, oder das Caput mortuum der
Schöpfung. Desgleichen das Wasser war
schleimig, grob und garstig, auch nicht so lebendig als die ersten Ausziehungen. Damit aber
der Göttliche Geist sein Werk vollkommen
machete, bewegete er sich auch auf denselbigen,
theilete ihnen Leben und Hitze mit, und machete
sie zu künftigen Gebährungen geschickt. Die
Erde war von dem Wasser so umflossen und bedecket, daß nichts von derselben gesehen werden
kunte. Damit sie aber denen himmlischen Ein-
flüssen, welche die Ursach des Wachsthums sind,
desto unterwürfiger würde, ordnete der Geist
eine Abweichung derer Wasser, öfnete ihnen den
bestimmten Ort, und setzte ihnen Thüre und
Riegel. Das Licht war noch nicht umgränzet,
sondern behielt noch seinen weit-schweiffigen
Ausfluß und anfängliche Freyheit, nach welcher
es die ganze Creatur im Besitz hatte; An dem
vierdten Tage ward es in eine Sonne zusammen
gezogen, und derselben Ursprung gelehret.

Die Finsternis, aus welcher Verwesungen,
und folglich der Tod der Creaturen entstehet,
wurde in den Mittel-Punct eingeschlossen, die
aber dennoch, wenn der Tag Urlaub nimmt,
herausbricht, und wie ein verspotteter Riese in
Abwesenheit seines Gegners den Kopf aus der
Thür stecket. Also ist die Natur eine zwar schö-

ne,

ne, doch aber mit einem schwarzen Sack verhül-
lete Frau. Wiewohl diese Farbe, wenn es
GOtt, seine Creaturen vollkommener zu läutern,
gefallen wird, gänzlich von ihr weggetrieben soll
werden, und alsdenn wird sie die äusserste Finsternis seyn, vor welcher uns der HErr bewahre.

Also hab ich euch kürzlich einen vollkommenen
Ausdruck der Schöpfung insgemein vorgestellet: Nun will ich mich zu einer besondern Untersuchung der Natur, absonderlich ihren untern
elementalischen Theilen kehren, durch welche der
Mensch täglich gehet, und von denen er nicht ab-
gesondert werden kan. Ich hatte zwar vor, um
allem künfftigen Anschreyen vorzukommen, es
bey dem obigen bleiben zu lassen: denn wenn ein
Peripatist hier nur drey, ja nur zwey eigentliche
Elementa, als Erde und Wasser findet, denn die
Lufft ist etwas mehr, wird er nicht überlaut ruf-
fen, daß ich an der Natur einen Kirchen-Raub
begangen, und das Feuer von ihrem Altar ge-
stohlen habe? Aber es sind nur Worte: Ich
will so lange bey meiner Ketzerey bleiben, biß sie
auf einer Kutschen in die Wolken fahrend dieses Götzenbild, das sie bis an den Mond erhoben,
entdecken werden. Ich bin nicht allein der Meynung, sondern auch versichert, daß kein solcher
Anfang in der Natur sey, das Feuer, welches sie
gebrauchet, ist Horizon corporeorum & incorpo-
reorum, nexus utriusque mundi & sigillum Spiritus Sancti, d.i. der Gesicht-Kreyß derer leiblichen
und unleiblichen Dinge, ein Band beyderley
Wel-

Welten, und des Heiligen Geistes Siegel, und
keine Fabel, noch eine von denen Auslegern ge-
borgete Grille der Schulgelehrten. Derowegen ersuche ich meine Freunde, die Peripatisten,
ihr vierdtes Element ihrem Aristoteles wieder zu
geben, daß er dem grossen Alexander, als das
erste Theil der neuen Welt überliefere, denn in
der alten ist solches nicht zu finden. Die Erde
nun, wie ich euch vorhin erzehlet, muste nothwendig als eine zu Grundsitzende Ueberbleibung des
anfänglichen Klumpens, den GOtt aus der Finsternis bereitet, ein Hefen-artiger und unreiner
Leib seyn. Denn die an ihm verrichteten Ausziehungen des Göttlichen Geistes waren reine,
ölichte, und himmlische Wesenheiten; die groben, schleimigten und ungezeitigten Feuchtigkeiten
aber setzten sich wie Hefen gegen den Mittel-
Punct. Die Erde ist schwammig, löcherich,
magnetisch, und zu desto besserer Annehmung derer unterschiedlichen Einflüsse der Hitze, Regens
und Thäues, zur Erhaltung ihrer hervorgebrach-
ten Dinge ganz locker zusammen gesetzet. In
ihr ist der vornehmste Sitz derjenigen Gebähr-
Mutter, welche den Saamen von dem männli-
chen Theile der Welt an sich ziehet und empfän-
get; Sie ist derer Naturen Aetna, oder Feuer
ausspeyender Berg, da sich der Feuer-Gott Vul-
canus übet, nicht der lahme, poetisch, und der
nach seinem Falle hinket, sondern ein reines,
himmlisches, alle Dinge formirendes Feuer.
Wir haben die Astronomie unter unsern Füssen,

die

die Sternen wohnen bey uns, und eine grosse
Menge Edelgesteine und Kleinodien; Sie ist die
Säugamme und Empfängerin aller Dinge,
denn die obern Naturen stürzen sich gleichsam
in sie herab, was sie in einem Alter empfähet, das
offenbaret sie dem Nächsten, und hinterhält,
wie eine getreue Schatzmeisterin, nichts von dem,
was ihr anvertrauet wird, ihre eigentlich ange-
bohrne Eigenschaft ist kalt.   Nun bin ich willens von dem Wasser u reden.   Dieses ist das
erste Element, davon wir in der Schrift lesen,
das alleräteste derer Anfänge, und die Mutter
aller sichtbarlichen Dinge, ohne dessen Beden-
kung die Erde keinen Segen empfangen kan,
denn die Feuchtigkeit ist die eigentliche Ursache
der Vermischung und daher entstehender Fruchtbarkeit.   Das Wasser hat nach Art der besondern Theile der Creatur unterschiedliche Be-
schaffenheiten, hierunten, und in dem Umkreyß
aller Dinge ist es flüchtig, grob und morastig,
um welcher Ursachen willen es die Natur nicht
im Vorrath behält, sondern sie läutert es erstlich,
treibet es in Gestalt eines Dampfes durch ihre
Hitze in die Höhe, und nachdem es zu Regen und
Thau verdicket, gebrauchet sie es erstlich als eine
Nahrung.   Anderswo ist es verborgener, lebendig, himmlisch, und dem Athem des ersten Agentis unterworfen, da es mit himmlischen und ewigen Winden angereitzet wird.   In solchem Zustande ist es der Natur Buhlerin, Fœmina saga-
cissima, wie sie einer nennet.   Sie ist die Psyche
des

des Apulejus, und das Feuer der Natur ist ihr
Cupido: wer sie beyde in demselben Bette gesehen hat, wird gestehen, daß die Liebe alles regiere.
Belangend das gemeine elementalische Wasser,
so ist solches nicht gänzlich zu verachten, es sind in
ihm auch verborgene Schätze, aber dermassen
verschlossen, daß wir sie nicht sehen können, denn
der ganze Kasten ist durchsichtig.   Spiritus aquæ
invisibilis coagulatus melior est quam terra uni-
versa, der unsichtbare zusammengedichtete Geist
des Wassers ist besser, als die ganze Erde, spricht
Sendivogius.   Doch kündige ich dem Leser hiermit nicht an, dieses schleimige Wesen zum Spiel
zu nehmen, als ob er eine Venus von der See aus-
ziehen solte, sondern ich wünsche ihm, sich des
Wassers zu bedienen, damit er das Feuer erkenne.

Ich habe nun von zwey Elementen, derer ich
nicht mehr finden kan, gehandelt, wiewohl die
Peripatisten viere derselbigen, und durch Hülfe
der Quint-Essenz ihres Meisters ein fünftes haben wollen: Diesen ihren Stamm aber werde ich
bey müssiger Zeit abkürzen, und anjetzo etwas
von der Luft reden.   Solche ist kein Element,
sondern ein wunderbahrer Zwitter, das zusam-
menhaltende Band der zwey Welten, und eine
Vermengung der äusersten Theile.   Sie ist der
allgemeine Ort der Natur, ihr Register, da ihr
alles, was sie iemahls verrichtet, oder noch zu thun
willens ist, finden können.   Diese ist der beyden
Welten Versammlungs-Stelle, da die Enden
beyde,

beyder Welt-Kugeln zusammen kommen, und
ich kan sie mit Recht den Muster-Platz nennen.
In ihr befinden sich unzehlbare magische Gestalt-
ten derer Menschen, Thiere, Fische und Vögel,
kriechenden Gewürmes, Bäume, Kräuter und
allerhand Gewächse.   Sie ist ein Meer derer
unsichtbaren Dinge; denn alle Empfangungen
in dem Schoos der obern Natur, wickeln sich in
dieses Spinngewebe ein, ehe sie sich mit der
Schale belästigen.   Aller Dinge Gestalten, wie
sie auch seyn möchten, enthält sie in sich, und ist die
unmittelbare Empfängerin derer Geister nach
ihrer Auflösung, von dannen sie zu einem obern
Behältnis gehen.   Ich würde den Leser erstau-
nend machen, wenn ich ihm die unterschiedlichen
Aemter dieses Wesens erzehlen solte, aber es ist
derer Weisen Hinterthür, da Niemand als ein
Freund hinein gelassen wird.   Ich werde nichts
mehr als dieses einige euch anzeigen: Die Luft,
ist Corpus Vitæ Spiritus nostri sensitivi, ein Leib
des Lebens unsers empfindlichen Geistes, unser
Seelisches Oel, der Zunder des lebendigen, fühl-
baren Feuers, ohne welches wir nicht einen Augenblick bestehen können.

     Nun komme ich zu dem vierdten und letzten
Wesen, dem höchsten, auf der Natur-Leiter:
Es wird kein fünfter Anfang, noch fünftes We-
sen, wie Aristoteles geträumet, ausser GOtt dem
Allmächtigen gefunden: Solches vierdte We-
sen ist ein feuchtes, stilles, durch alle Dinge in der
Welt gehendes Feuer, es ist der Natur-Wagen,

darauf

darauf sie fähret, wenn sie sich beweget, wie sie
von jenem getrieben. wenn sie stille stehet, verursachet jenes wie die Räder im Heseckiel, derer Bewegung von dem Geiste herkam.   Dieses ist die
Decke und Schirm des Allmächtigen, denn in
was vor einen Ort er sich nun begiebet, da be-
gleitet ihn dieses Feuer.   Also erscheinet er dem
Moses im Busch, unter der Gestalt des Feuers:
der Prophet siehet ihn aus Mitternacht wie ein
sich selbst ergreiffendes Feuer hervorbrechen. An
dem Berg Horeb wird er von einem sehr starken,
die Felsen zerreissenden Winde, auf welchen
das Feuer und ein sanftes Sausen folgete, be-
dienet.   Desgleichen beschreibet ihn Esdras als
einen GOtt, dessen Dienst mit Wind und Feuer
umgehet.   Dieses Feuer ist das Kleid der göttlichen Majestät, seine hintern Theile, welche er
dem Moses zeigete, sein blosses königliches Wesen aber kan niemand sehen, und lebendig bleiben; die Herrlichkeit seiner Gegenwart würde
den natürlichen Menschen verschlingen, und ihn
in einen lautern Geist verwandeln.   Also leuch-
tete nach der mit GOtt gehaltenen Unterredung
das Angesicht des Moses; und aus solcher wenigen Farbe können wir unsern zukünftigen Zustand in der Wiedergeburth errathen.   Nun
will ich den Vorhang zuziehen, und mich zu dem
äusern Hofe des Heiligthums kehren.

    Ich habe bishero in gewisser Masse das ver-
richtet, was ich anfänglich versprochen, und die
Welt samt ihren Theilen vor die Augen geleget:
in

in Ansehung aber meiner Liebe zur Wahrheit, und der Herrschaft, so ich ihr wünsche, werde ich die Natur in etlichen Stücken genauer untersuchen, und derselben Reichthümer weiter entdecken: derowegen ich den Leser auf die folgende Rede fleissig Acht zu haben erinnere, damit, nachdem er einmahl die Gründe dieser Wissenschaft gefunden, er auch die darauf gesetzten Gebäude desto besser verstehe. Wisse demnach, daß jegliches Element dreyfach, und seine Dreyheit das ausgedruckte Bild seines Urhebers, und ein von ihm auf seine Creatur gedrucktes Siegel sey: nichts ist auf Erden, es sey in derer Menschen Augen so schlecht, geringe und veracht es immer wolle, das nicht von GOtt, ja von dem tief verborgenen Geheimniß seiner Dreyeinigkeit Zeugniß gebe, ein jegliches Zusammengesetztes ist drey in einem, und eins in dreyen. Das elendeste Würmlein giebet nach seiner auswendigen Gleichförmigkeit von seinem Schöpfer Zeugniß, indem dessen Leibes-Grösse mit seinem obern und ewigen Vorbilde übereinkommet. Alle diese Creaturen nun hat GOtt dem Menschen zu gebrauchen gegeben, und ihn mit einer lebendigen Bibliothec, darinnen er fleissig forschen solle, ausgerüstet. Aber er verachtet seines Schöpfers Werke, läuft denen Erfindungen der Creatur nach, und lecket den Geifer des Aristotelis und anderer ungelehrten Heyden auf, die in Ansehung des Glaubens, und Erfahrenheit des Natur-Gesetzes, ganz verwerfliche und unwissende

Mens

Menschen, und lästernde, GOtt verläugnende
Schreiber waren. Quorum animas (ut Agrippa
refert) diſtrahi & torqueri audiunt, videntque in-
feri: die Geheimniſſe der Dreyeinigkeit und
Menſchwerdung beunruhigen ſie heftiglich, unter
welchen ſie einer leugnet, und der andere zuläſſet.
Schaueten ſie aber einmahl das Natur-Licht,
könten ſie die anjetzo ihren Glauben übergehen-
den Geheimniſſe durch die Vernunft finden.
Was ich nun kürzlich von einer natürlichen
Dreyheit geredet, verſtehe ich nicht vom gemeinen Küchen-Waſſer, Oehl und Erde, ſondern
ich ziele auf himmliſche verborgene Naturen, die
nur allein denen Weiſen, derer Augen in dem
Mittel-Puncte, und nicht in dem Umkreyß ſich
befinden, bekannt ſind, und in ſolchem Sinn iſt
ein jegliches Element dreyfach.   Zum Exempel,
es iſt eine dreyfache Erde, die erſte iſt elementa-
riſch, die andere himmliſch, die dritte geiſtlich.
Die Einflüſſe der geiſtlichen, welche die wahre
Urſach des Lebens und der Fruchtbarkeit ſind,
werden durch Vermittelung der himmliſchen mit
der irrdiſchen vereiniget.   Dieſe drey ſind die
Gründe der Kunſt und der Natur, die erſte iſt
ein ſichtbares reiſliches Weſen, rein, feuer-
beſtändig, unverweßlich, kalter Eigenſchaft,
durch Beyfügung aber eines obern Agentis oder
würkenden Weſens, trocken, und folglich die
Feuchtigkeit anzunehmen geſchickt.   Dieſe iſt
das geſchaffene Aleph, die wahre Erde Adama,
der Unterſatz eines jeglichen Gebäudes im Himmel

mel und auf Erden. Sie beziehet sich auf
GOtt den Vater, indem sie der natürliche Grund
der Creatur, gleichwie er der übernatürliche ist,
ohne diese Erde kan nichts in der Weisheit vollbracht werden. Der andere Anfang ist der unbetrügliche Magnet, das Geheimniß der Vereinigung, durch ihn werden alle Dinge, so wohl
physicalische, als metaphysische, sie mögen so
weit entfernet seyn, als sie wollen, angezogen.
Er ist die Jacobs-Leiter: ohne ihm ist keine Auf-
noch Absteigung, sie sey einfliessend oder persön-
lich. Die Abwesenheit desselben halte ich vor
die Kluft zwischen Abraham und dem reichen
Schlemmer. Dieser siehet zurück auf GOtt
den Sohn, denn er mittelt zwischen denen äusersten Theilen, und bringet die obern und untern in
Gemeinschaft, unter zehen tausend aber ist nicht
einer, der entweder dieses Wesen oder den Gebrauch seiner Natur verstehet. Der dritte Anfang, ist eigentlich kein Anfang, es ist nicht dasjenige, aus dem, sondern durch welches alle Dinge
sind: dieses kan alles in allem thun, sein Vermögen ist nicht auszusprechen: es vergleicht sich
dem Heiligen Geiste, denn unter den natürlichen
Dingen ist es der einige würkende Künstler.
Wer nun diese drey samt ihren unterschiedlichen
Erhöhungen oder Kettenartig an einander ge-
hängten Gliedern, die nicht nach dem Wesen,
sondern der Beschaffenheit nach unterschieden
sind, eigentlich erkennet, auch ihre Unreinigkeiten
in eine aufrichtige Verdickung, und ihre Man-
nig-

nigfaltigkeiten in eine geistliche, wesentliche Einfalt zurück bringen kan, der ist ein vollkommener Magus, und vermag alle wunderbare Verrichtungen auszuüben. Zum andern müsset ihr lernen, daß iegliches Element zweyfach sey. Diese Zweyfaltigkeit oder Unordnung ist dieselbe, von welcher Agrippa in Scalis numerorum, wie auch nebenst ihm Trithemius in ihren Briefen handeln. Andere mit dieser Wissenschaft umgehende Liebhaber, machen ihr Werk nur vom Schreiben, und verstehen dieses Geheimnis der Finsternis nicht. Dieses ist es, in welches die Creatur Seitwärts abweichet, und von ihrer ersten harmonischen Einheit fället. Derowegen müsset ihr das zweyfache hinweg nehmen, so kan derer Weisen Ternarius, durch den Quaternarius in die allersimpelste Monas, und folglich in eine metaphysicalische Vereinigung durch die allerhöchste Einheit (Monas) zurück gebracht werden.

Die Sonne und der Mond sind zwey magische Anfänge, eines würkend, das andere leidend, jenes ist männlich, dieses weiblich. Wie sie sich bewegen, so bewegen sich die Räder der Verwesung und Geburten auch, sie lösen beyderseits auf, und setzen zusammen, wiewohl der Mond das eigentliche Werkzeug der Verwandlung der untern Materie ist. Diese zwey Lichter werden vermehret, und bringen Frucht in einer ieglichen besondern Geburt. In der ganzen Natur ist nicht ein einiges Compositum, das nicht eine kleine Sonne, die ihr himmlischer Sohn, und einen

(*Eug. Phial.*)　　　　N　　　　kleinen

kleinen Mond, der ihre himmlische Tochter genennet wird, in sich habe. Was vor Aemter
nun die zwey grossen Lichter zur Erhaltung der
grossen Welt insgemein verrichten, das verwal-
ten die zwey kleinen Lichter in ihrem Weinfäßgen
oder kleinen Welt insonderheit. Sie sind Nach-
spieler des grossen Thiers, auch Himmel und Erden nach einer geringern Amts-Benennung.
GOtt, als ein weiser Baumeister, sitzet in dieser
aller Mittel-Puncte, bessert das verfallene an seinem Gebäude, stillet alle Unordnungen, und unterhält seine Creatur in ihrer erstanfänglichen
Uebereinstimmung. Der unsichtbare centralische
Mond ist der Stamm und brunnenreiche
Berg Ida, auf dessen Spitze Jupiter und Juno
auf einem güldenen Throne sitzen, Juno ist ein
unverbrennliches, himmlisches, ewiges Oehl, und
deßwegen eine bequeme Empfängerin des Feuers.
Dieses Feuer ist ihr Jupiter, und die kleine Sonne, von welcher wir zuvor geredet, solche sind die
wahren Anfänge des Steins, und derer Weisen
Sonn und Mond, nicht Gold und Silber, wie es
etliche betrügliche Krämer oder Kohlen- und Me-
tall-Verderber haben wollen. Dieweil ich nun
so fern kommen, will ich euch ein aufrichtiges Re-
cept dieser Arzney verschreiben. Rec. Limi cœ-
lestis partes decem, separetur masculus a fœmina, uterque postea a terra sua, physice tamen,
& citra omnem violentiam separata, proportione
debita, harmonica, ex vitali conjuge: statimque
anima descendens a Sphæra pyroplastica mor-

tuum

tuum ſuum & relictum corpus amplexu mirifico
reſtaurabit : Conjuncta foveantur igne naturali
imperfectum matrimonium Spiritus & corporis.
Procedas artificio vulcanico-magico, quousque
exaltentur in Quintam rotam Metaphyſicam.
Hæc eſt illa, de qua tot ſcribillârunt, tam pauci
noverunt, medicina, d. i. Rec. Des himmliſchen
Schleims zehen Theil, ſcheide den Mann von
dem Weibe: hernach ſcheide wieder ein jegliches
von ſeiner Erde, doch Naturgemäß, und ohne
alle Gewalt, und ſetze ſie wieder in gebührender,
harmoniſcher und Lebensvoller Proportion zuſammen: Alſobald wird die von ihrer Feuer-
förmigen Sphæra herab ſteigende Seele ihren
todt hinterlaſſenen Leib mit wundervoller Um-
armung erquicken und verneuern: Dieſe zwar
angefangene, annoch aber unvollkommene Ver-
ehligung des zuſammengeſetzten Geiſtes und Leibes nähre und erquicke mit dem natürlichen Feuer,
fahre fort mit dieſer vulcaniſch-magiſchen
Kunſt-Arbeit, bis ſie zu dem fünften metaphyſi-
caliſchen Rad erhöhet werden. Diß iſt diejeni-
ge Medicin, von welcher ihrer ſo gar viel geſchrieben, aber ſehr wenig gewuſt.

Es iſt eine verwunderungswürdige Sache,
daß in der Natur unverweßliche und unſterbliche
Anfänge zu finden: Unſer gemeines Küchen-
Feuer, welches auf gewiſſe Maaſſe aller zuſammengeſetzten Dinge Feind iſt, zerſtöhret jedennoch
nicht ſo wohl etliche Theile, als es dieſelbigen reiniget, wie ſolches die Aſche derer Gewächſe be-
N 2　　　　　　　　　weiſt.

weiset.   Denn ob wohl ihre zärtern äuserlichen
Elementa durch des Feuers Gewalt hinweg-
dampfen, so kan doch ihre Erde nicht zerstöhret,
wohl aber zu Glaß gemachet werden, dessen Fluß
und Durchsichtigkeit von der Grund-Feuchtig-
keit oder sämtlichen Wasser des zusammengesetzten verursachet wird.   Dieses Wasser wider-
stehet der Grausamkeit des Feuers, und kan nicht
ganz ausgetrieben werden.   In diesem Wasser,
saget Severinus Danus, liege die Rose unter dem
Winter verborgen.   Diese beyden Anfänge
werden niemahls von einander geschieden, denn
die Natur gehet in ihren Auflösungen nicht so
weit, wenn der Tod das seinige verrichtet hat, so
entstehet zwischen diesen beyden eine Vereinigung, und aus ihnen wird uns GOtt am letzten
Tage auferwecken, und hinwiederum zu einer
geistlichen Beschaffenheit bringen.   Auser dem
bleibet auch in ihnen die erste allgemeine Tinctur
des Feuers, so nach dem Tode noch geschäftig ist,
die Natur abermahls in ein Spiel zu reitzen, und
bringet Würme, und andere geringere Geburten hervor.   Ich stehe nicht in denen Gedanken, daß eine Auferstehung eines jeglichen Dinges seyn werde, sondern es werden vielmehr de-
rerselbigen irrdische Theile, samt dem Element
des Wassers (denn laut der Offenbahrung Johannis wird keine See mehr seyn) in einer einigen Vermischung mit der Erden vereiniget, und
in ein reines durchsichtiges Wesen gezeitiget werden.   Dieses ist St. Johannis Crystallisches
Gold,

Gold, der Grund des also, nicht in Ansehung
seiner Farbe, sondern Beschaffenheit, genen-
neten neuen Jerusalems. Ihre Geister, halte
ich davor, werden zu ihrem ersten Limbus zurück
gebracht werden, die eine Kugel eines reinen
himmlischen Feuers, und sich einem mit durch-
sichtigen Golde reichlich durchwürkten, ewigen,
vor dem Thron GOttes ausgebreiteten Teppich
vergleichet.

Also habe ich, o Leser! eine völlige, doch kurze
Untersuchung in denen Geheimnissen der Natur
angestellet, es ist mehr als bishero entdecket worden, und deshalben erwarte ich destomehr Wi-
dersprechens, wohl wissend, daß mein Lohn
Schmach und Verachtung seyn wird, der aber
die Eitelkeit der Meynungen bereits verworfen
hat, wird auch die, so bey den Urtheilen vorgehet,
geringe schätzen. Ich will nun die Creaturen
zu ihrem gebührlichen Gebrauch anwenden, und
von dieser kleinen Beschauung zu meinem und ihren Schöpfer aufsteigen:

I.

O höchster GOtt! diß war ein Stein,
So hart, als einer möchte seyn,
Nach dem Natur-Gesetz gezeuget,
    Doch ward aus ihm ein klarer Fluß,
    Der endlich überlauffen muß,
Indem die Kunst ihn zähmt und beuget.

2. Mein

2.

Mein GOtt! mein Herz ist jenem gleich,
Es sträubt sich, will nicht werden weich,
Noch wahre Thränen von sich lassen.
Zerschmeltz' es in der Liebes-Glut,
Daß sich verändre Sinn und Muth,
Die Wollust dieser Welt zu hassen.

3.

Doch ohne deines Geistes Kraft
Verrichtet nichts der Thränen Saft,
Laß ihn auf diesen Wassern schweben,
Damit durch seines Lichtes Glanz
Die Nacht in mir verschwinde ganz,
Um dir beständig anzukleben.

Nun wird erfordert, so ferne wir derselbigen
Weise, welcher Urheber GOtt selbst ist, nachkommen wollen, die Natur und Zusammensetzung des Menschen zu untersuchen, nachdem wir
bereits dieselbigen Elementa oder Anfänge, davon er gemacht worden und bestehet, beschrieben
haben.

Der Mensch, wenn wir seine wesentlichen
Theile ansehen, wurde aus der grossen Welt, wie
das Weib aus ihm, genommen. Damit ich
aber das Wiederholen vermeide, will ich den Leser zu dem ersten Theil meiner Rede gewiesen haben, da er, so ferne die Sachen recht verstanden
werden, in seiner materialischen Bildung und
Zusammenfügung nicht unwissend gelassen werden kan. Wir lesen im Buch der Schöpfung,

daß

daß ihn GOtt aus der Erden, welches ein grosses Geheimniß ist, geschaffen habe; denn es war nicht gemeiner Töpfer-Thon, sondern ein anderes mit weit besserer Natur begabtes Wesen. Wer dieses erkennet, der weiß auch die Materia der sophischen Arzney, und daher folglich dasjenige, was entweder des Menschen Temperament zerstöhret, oder erhält, denn in ihr sind die Anfänge gleiches Wesens mit seinem Leben, als solche, die seine Kräfte wider ersetzen, und die Unordnungen zu einer Uebereinstimmung bringen können; diejenigen aber, welche diesen Punct nicht verstehen, sind keine behörigen Richter des Lebens und des Todes, sondern elende Quacksalber und Urin-Doctores. Der gelehrte Arias Montanus nennet diese Materia multiplicis terræ particulam singularem, ein sonderbares Theilgen einer vielfältigen Erde.

Aus welchen Worten, so sie wohl untersuchet werden, ihr es leichtlich finden könnet, und dieses sey von des Menschen Leibe geredet. Seine Seele hergegen ist ein Wesen, das nicht in dem Gebäude der grossen Welt angetroffen wird, und dahero ganz göttlich und übernatürlich: Montanus nennet es Divini Spiritus Auram, & vitæ Divinæ Halitum, eine Luft des göttlichen Geistes, und einen Odem des göttlichen Lebens. Er scheinet auch aus der Schöpfung des Menschen eine kleine Menschwerdung GOttes zu machen, als ob sich GOtt in diesem Feuerwerk selbst vermehret habe. Adam, spricht er, empfieng

pfieng seine Seele ex admiranda singularique Dei inspiratione, & ut sic loqui sit fas, fructificatione, aus der wunderbaren und sonderlichen Einhauchung, und so es billig ist, also zu reden, Fruchtbarmachung GOttes. St. Lucas erzehlet uns eben dasselbige, denn er machet Adam zu einem Sohn GOttes, nicht in Ansehung des äusserlichen Werks der Schöpfung, sondern wegen seines Herkommens. Dieses bekräftiget St. Paulus in der Apostel Geschicht mit denen Worten des Aratus, denn wir sind seines Geschlechts. Die Seele des Menschen bestehet vornemlich aus zweyen Stücken, Ruach und Nephesh, einem untern und obern Geiste: Der obere ist männlich und ewig, der untere weiblich und sterblich; in solchen bestehet unsere geistliche Geburth. Ut autem in cæteris animantibus atque etiam in ipso homine maris & fœminæ coniunctio fructum propagationemque spectabat naturæ singulorum dignam: ita in homine ipso illa maris ac fœminæ interior arcanaque societas, hoc est, animi atque animæ copulatio ad fructum vitæ divinæ idoneum producendum comparabatur. Atque huc illa arcana benedictio & fœcunditas concessa, huc illa declarata facultas & monitio spectat: Crescite & multiplicamini, & replete terram, & subjicite illam, & dominamini, d. i. Gleichwie aber bey andern Thieren, wie auch bey dem Menschen, des Weibes und Mannes Zusammenfügung einzig und allein dahin zielete, daß sie Früchte tragen, und ihr Geschlecht fortpflanzen möchten:

also

also inwendig in dem Menschen selbst ist auch
eine heimliche und verborgene Societät und Gemeinschaft Mannes und Weibes, das ist die
Verbind- und Vereinigung des Gemüths und
der Seelen, um bequeme Früchte eines Göttlichen Lebens zu tragen. Und hieher gehöret jener geheime Seegen, und verliehene Fruchtbarkeit, nebenst der gegebenen Vermahnung und
ertheileten Gewalt: Wachset und mehret euch,
füllet die Erde, machet sie euch unterthan, und
herrschet über sie.

Aus diesen und andern vorigen Oertern kan
der verständige Leser abnehmen, daß das Hey-
rathen eine Vermehrung am Leben, und ein
bloße figürliche oder auswendige Vorstellung
unserer inwendigen, lebendigen Zusammenfügung sey. Denn Leben ist nichts anders, als
eine Vereinigung derer männ- und weiblichen Anfänge, und wer dieses Geheimnis vollkommen erkennet, der verstehet auch die Geheimniße des Ehestandes, so wohl des geistlichen als
natürlichen, und wie er ein Weib gebrauchen
soll. Der Ehestand ist nicht so ein gemeines
schlechtes Werk, sondern nach einem bescheide-
nen Sinn ein Sacrament. Er ist das sichtbare
Zeichen unserer unsichtbaren Vereinigung mit
Christo, welche St. Paulus ein grosses Geheimnis nennet, und weil die bezeichnete Sache
so ehrwürdig ist, so ist derselben Bezeichnung
nicht vor verächtlich zu halten. Doch hievon
anderswo.

N 5 Als

Als nun GOtt seine letzte und vortreflichste
Creatur geschaffen hatte, verordnete er derselben
einen Sitz in Eden, machte den Adam zu einen
Unter-König, und gab ihm über alle seine Werke völlige Gewalt, damit, wie der ganze Mensch
aus Leib und Seele bestund, also die unteren
und irrdischen Creaturen dem einen unterworfen seyn, und die obern sinnlichen Wesenheiten
dem andern dienen möchten. Diese Königliche
Regierung aber währete nicht lange, denn gleich
auf seinen Vorzug entstund in dem himmlischen
Hofe eine Empörung, und die solchem Erd-
Gefäse aufzuwarten sich spöttisch weigerende
Engel berathschlagten sich, ihn von dem Throne
zu werfen. Der erste unter solcher Rotte ist
Lucifer gewesen, von welchem Montanus sagt,
daß er Hilel geheissen habe, dieser unterstehet sich
dasjenige, was GOtt eingesetzet, zu vernichtigen,
damit er auf einmahl ihn samt seiner Creatur zu
Boden werfen möchte: Solche Arglistigkeit
giebet er andern Gliedern seines Reichs zu verstehen, und verstärket sich mit dergleichen Rebel-
len: Wider GOTT aber bestehet kein Rath,
denn kaum hatte er die Bosheit beschlossen, so
wurde er samt allen seinen Zugeschworenen von
dem Licht in die Finsterniß getrieben. Und also
ist die Rebellion der Zauberey zu vergleichen, ein
Zauberer ist ein Rebell in der Natur, und ein
Rebelle ist ein Zauberer in der Obrigkeitlichen
Regierung. Einer handelt wider die Natur,
und der andere wider derselbigen Ordnung und

Regel,

Regel, beyde sind im Bund mit dem Teufel,
als dem ersten Vater der Unordnung und Zau=
berey. Nachdem nun der Satan also ausge=
stossen war, wurde er, nach Art derer Widerspen=
stigen, in seinem einmahl gefasseten Schluß im=
mer hartnäckigter, und damit er seine Tücke
offenbarete, kam er aus Zulassung in den Gar=
ten Eden, da machet er, um den Mann zu ver=
suchen, das Weib zu seinem Werkzeuge, und
überwältiget ihn durch dieselbigen Mittel, die
ihm GOtt zur Hülfe gemachet hatte. Als nun
Adam das Gebot übertreten, ward er, und in
ihm seine Nachkommen, der Strafe unterwür=
fig: Hier aber lieget der Knote: Wie können
wir seine Krankheit eigentlich erkennen, was sie
unmittelbar verursacht hat? Wenn ich unsere
Geistlichen, was die verbotene Frucht gewesen,
frage, werde ich lange auf eine Antwort harren
müssen: Durchforschet alle Schul-Gelehrten,
so werdet ihr sie mit ihrer Disputir=Kunst erstum=
met finden. Was thun wir nun in dieser Sa=
che? Rede ich etwas, das der Schleuder des
Aristoteles hinderlich ist, (ob ich auch schon das
Ziel träfe) so erwecke ich nur das Geschrey des
gemeinen Pöbels wider mich. Weil ich aber
eine geheime Wahrheit einem öffentlichen Irr=
thum vorziehe, so will ich fortfahren. Wohlan
Leser, thue deine Ohren auf, nahe ohne Vor=Ur=
theil herzu, so will ich dir, was bishero noch nicht
offenbaret worden, willig erzehlen. Wiewohl
mein Schreiben dem gemeinen Mann, dessen

Erkänt=

Erkåntnis nur an der Rinde, verblůmeter Redens-Arten haftend niemals begreifet, was
ihm durch dieselbigen angedeutet werde, fremd
und unglaublich vorkommen wird: Dieses, sage ich, wird nothwendig denenjenigen, welche die
Schrift nicht erwegend, den Zweck und die Absicht des Gôttlichen Geistes, durch welchen sie
anfånglich aufgezeichnet, nach dem buchståbi-
schen Sinn verstehen, fremde klingen. Zwar
ist Origenes einer aus vielen, und nach dem Urtheil etlicher weisen Månner, der gelahrteste unter denen Kirchen-Båtern, der sich aber niemals
in diesem Stůck selbst trauet, sondern allerwegen
in denen Schriften, da sein Verstand nicht zu-
reichet, ein Geheimnis vorschůtzet.

Gewißlich wenn man zugiebet, wie etliche es
bejahen, daß der Baum der Erkåntnis ein ge-
wachsener Baum, und Eden ein Garten gewesen,
kan man auch wohl beybringen, daß der Baum
des Lebens, der eben unter diesem Geschlechte,
wie es die Schul-Gelehrten geben, beschrieben
wird, auch ein Gewåchse gewesen sey. Wie sehr
aber dieses die Macht GOttes, das Verdienst
und Leiden JEsus Christus, dessen Gabe ewiges Leben ist, verkleinere, lasset einen unpartheyi-
schen Christen urtheilen. Hier haben wir nun
einen gewissen Eingang in das Paradies, da wir
diesen Baum der Erkåntnis ausforschen, und
was er sey, gründlich erlernen mögen. Denn
weil dieses zugelassen werden muß, daß durch den
Baum des Lebens der Göttliche Geist abgebil-
det

det wird, indem es der Geist ist, der lebendig machet, und uns an jenem Tage von der Verweßlichkeit zur Unverweßlichkeit bringen wird, kan
es in dem Gegentheil kein ungereimter Satz seyn,
das durch den Baum des Erkänntnisses eine sinnliche, dem Geiste widerstehende Natur, darinnen
unsere weltlichen sündlichen Zuneigungen, als
Lust, Zorn, samt den übrigen ihren Sitz und
Herrschung haben, angezeiget werde.

Nun will ich ein wenig Seitwärts gehen, doch
nicht weit von dem Zweck, wodurch es dem Leser
klar erscheinen wird, daß der Buchstabe kein
gnugsamer Ausleger der Schrift, und ein sehr
grosser Unterscheid zwischen dem Klange und dem
Sinn derselbigen zu merken sey.   Dionysius
Areopagita in seinem Briefe an Titum giebet
ihm diese Warnung: Et hoc præterea operæ
pretium est cognoscere, Duplicem esse Theolo-
gorum traditionem, Arcanum alteram & mysti-
cam: alteram vero manifestam & notiorem, d.i.
Und überdiß ist es der Mühe wohl werth, erkennen, daß eine zweyfache Tradition der Theolo-
gen sey, eine geheime und mystische: und dann
eine offenbare und bekannte.   Und in seinem Buche de Ecclesiastica hierarchia an Thimotheus
geschrieben, bekräftiget er, daß in denen anfänglichen Apostolischen Zeiten, darinnen er auch lebe-
te, die Geheimnisse der Theologie, Theils durch
beschriebene, Theils unbeschriebene Unterweisungen, waren mitgetheilet worden.   Etliche Dinge, bekennet er, wären in denen Theologischen
Bü-

Büchern aufgezeichnet worden, und dieselbigen
sind nun die gemeinen Lehren der Kirchen, in
welchen nichts destoweniger, wie S. Peter spricht,
viel Dinge schwer zu verstehen sind: Etliche Sachen aber wurden von Gemüth zu Gemüth ver-
mittelst des darzwischen lauffenden leiblichen
Worts, die hergegen, welche dem Sinn des Fleisches zu hoch waren, wurden ohne Schrift gleichsam eingegifzet. Und gewißlich diese mündliche
Tradition war die Ursach, daß in dem folgenden Alter der Kirchen alle Geheimnisse der Theologie verlohren worden, ja bis auf diesen Tag ist
nicht einer unter allen unsern Schul-Doctorn
und Nachkömmlingen, der da verstehe, was uns
durch das äuserliche Element des Wassers in
der Tauffe vorgestellet sey; sie lehren zwar, es
bedeute die Abwaschung der Sünde, welches
wir ihnen zugeben, aber es ist nicht die völlige
Bedeutung, um deren willen es ist eingesetzet
worden. Es ist zu allen Zeiten die Schaale vor
den Kern, und das Zeichen vor das Bezeichnete
zu nehmen, ein gemeiner Irrthum gewesen; doch
solchen vorzukommen, schrieb Dionysius sein Buch
de Cœlesti Hierarchia, und insonderheit seine
Theologiam Significativam, von welcher in seinen
Schriften oft gedacht wird. Gewißlich unser
Erlöser, welcher in Ewigkeit gelobet sey, redete
bisweilen in Gleichnissen, und befahl auch ferner,
die Perlen nicht vor die Schweine zu werfen,
denn es sey nicht allen Menschen gegeben, die Geheimnisse des Himmelreichs zu verstehen. Weiln
ich

ich nun, wie es denn wahrhaftig ist, davor halte,
daß unter andern geheimen in der Schrift enthaltenen Reden diese von dem Garten Eden, und
dem darinne stehenden Lebens-Baume auch eine
sey, will ich etlicher massen, doch mit Verschwei-
gung einiger besonderer Stücke, solche zu erklä-
ren fortfahren.

Der Mensch war im Anfang (ich verstehe den
wesentlichen inwendigen Menschen) beydes in
und nach seiner Schöpfung eine kleine Zeit, ein
reines, verständiges, von allen fleischlichen, sinnlichen Zuneigungen befreyetes Wesen, in welchem
Zustande, die Seele oder sinnliche Natur nicht
über die geistliche, wie anjetzo, herrschete. Denn
das obere Theil des menschlichen Gemüths war
per Contactum Essentialem, durch ein wesentliches Berühren mit GOtt vereiniget, welches ein-
gefassete und zu den untern Seelen begleitete göttliche Licht alle fleischliche Begierden tödtete, so
gar, daß in Adam die sinnlichen Eigenschaften
kaum angewendet wurden, indem in ihm die
Geistlichen über jene die Ober-Hand hatten,
gleichwie sie jetzo die Geistlichen in uns bezwingen.
Daher lesen wir in der Schrift, daß währenden
Standes der Unschuld er nicht wuste, daß er nackend wäre, kaum hatte er von dem Baum des
Erkäntniß gegessen, sahe er seine Blösse, und schä-
mete sich derselbigen, daher verbarg er sich unter
den Bäumen des Gartens, und als GOtt ihn
ruffete, wendet er vor, ich hörete eine Stimme in
dem Garten, und furchte mich, denn ich bin nackend

ckend, darum versteckte ich mich. Der aber seinen Zustand erkennende GOtt antwortete ihm Fragungs-weise, wer hat dir gesagt, daß du nackend bist? Hast du von dem Baume, davon ich dir befohlen, daß du nicht essen soltest, gegessen? da sehen wir eine zweyfache Beschaffenheit des Menschen: Seine erste und beste in der geistlichen wesentlichen Vereinigung seiner verständlichen Theile mit GOtt, und die Tödtung seiner lüstigen sinnlichen Natur, darinnen die fleischlichen sündlichen Zuneigungen ihren Sitz hatten. Seine andere, oder sein Fall im Essen der verbotenen Frucht, die seine verständigen Eigenschaften einschläfferte, und hingegen die sinnlichen reitzete und erhöhete. Denn GOtt weiß, spricht die Schlange, daß, welches Tages ihr esset, so werden eure Augen geöfnet werden, und ihr werdet als die Götter seyn, und Böses und Gutes erkennen. Und als das Weib sahe, daß von dem Baume gut zu essen, er auch lieblich anzusehen, und also ein wohl zu begehrender Baum wäre; dieweil er klug machete, nahm sie von der Frucht desselbigen, und aß, und gab ihrem Ehemann auch davon, und er aß, und ihrer beyden Augen wurden aufgethan, und sie erkannten, daß sie nackend wären. Da hören wir die in unsern ersten Eltern, Kraft solcher verbotenen Frucht erweckten, und, wie die Schul-Gelehrten sagen, de potentia in actum, von dem Vermögen zur That gebrachten sinnlichen Eigenschaften reden, welches Essen die verständlichen Kräfte nicht allein

allein in Adam, sondern in allen seinen Nachkommen unterdrückete, denn der Einfluß solcher
Frucht, gieng zugleich mit seiner Natur in nachfolgende Geschlechte: Wir werden alle wie Moses, mit einer Decke über dem Angesicht gebohr-
ren, welche das von sich schauen des verständlichen, scheinenden, und in uns von GOtt gepflan-
zeten Lichts verhindert, diese Wahrheit gehet alle
Menschen an, und das grösseste Geheimniß beydes in der Theologie und Philosophie ist, wie jene
wegzunehmen sey. An diesem Orte kan ich nicht
unterlassen, damit ich, was geredet worden, deutlicher ausdrücke, etwas von der Natur des Menschen zu reden.

Gleichwie die ganze Welt von drey Theilen,
dem elementalischen, himmlischen und geistlichen
bestehet, über welchen allen GOtt selbst in dem
unendlichen, von seiner eigenen Natur ausströ-
menden Lichte, zu welchem niemand nahen kan,
herrschet. Eben so hat auch der Mensch seine
irrdische elementalische Theile, samt denen himmlischen und englischen Naturen in sich, in deren
Mittel-Puncte der göttliche Geist sich beweget
und leuchtet. Das sinnliche, himmlische und
lüstige Theil des Menschen ist dasjenige, dadurch wir sehen, fühlen, kosten, riechen, uns bewegen, und mit allen begreiflichen Gegenwür-
fen, wie sie auch Nahmen haben, umgehen. Es
ist eben dasselbige, so in denen Thieren sich findet,
und wird von dem Himmel, da es über alle irrdische Creaturen herrschet, hergenommen, deutlich

(Eug. Philal.)   O

zu reden, es ist ein Theil der Welt-Seele, die
gemeiniglich anima media, die mittlere Seele genennet wird, weil die Einflüsse der göttlichen
Natur durch sie in die gröberen Theile der Creatur, mit welchen sie vor sich selbst keine Vergleichung haben, geführet werden. Durch Hülfe
dieser mittleren Seele oder lüftigen Natur wird
der Mensch dem Einfluß der Sterne unterwürfig, wohin er zum Theil durch die himmlische
Uebereinstimmung geschickt gemacht wird. Denn
dieser mittlere Geist, (welches ich von einem
Mittel zwischen zweyen äusersten Theilen, und
nicht von dem, welches das ganze würklich zusammen füget, verstehe) als auch der, so in dem
auswendigen Himmel und in dem Menschen
befindlich, ist einer fruchtbaren und Freundschaft
suchenden Natur, die mit einem grossen Verlan-
gen sich zu vermehren vergesellschaftet, so, daß
die himmlische Gestalt die elementalische antrei-
bet und erwecket. Denn dieser Geist ist denen
Menschen, Thieren, Gewächsen und Erzen, ja
einem jeglichen Dinge die mittelbare Ursach der
Zusammensetzung und Vermehrung. Es verwundere sich niemand über mein Vorgeben, daß
dieser Geist in denen Erzen würken solle, weil
seine Verrichtungen allda nicht unterschieden
sind. Sollen wir denn deshalben schliessen, daß
kein inwendiger Werkmeister vorhanden,
der diese leidenden und noch keine Gestalt haben-
den Anfänge zu etwas gewisses mache, davon sie
zusammen gesetzet werden. Saget mir jetzt nicht
von

von blinden peripatiſtiſchen Geſtalten und Eigenſchaften, eine Geſtalt (forma) iſt dasjenige, was
weder Ariſtoteles noch einer aus ſeinen Anhän-
gern weſentlich benennen kan, und ſind deshalben
keine hierzu gehörende Richter. Aber ich bitte
euch, ſind nicht die Kräfte des Geiſtes in dem
Menſchen, wann ſeine Glieder unbrauchbar, wie
an denen Blinden zu ſehen, auch unterdrücket?
Ob nun gleich das Auge verderbet iſt, ſo bleibet
dennoch die ſehende Kraft noch übrig, wie ſolches
aus ihren Träumen abzunehmen, welches Sehen durch einen Gegenſchein der Geſichts-
Strahlen in ihrer inwendigen Kammer verrichtet wird: Denn die Natur wendet ihre Gaben
nur daſelbſt an, wo ſie eine bequeme und geſchickte
Fähigkeit derer Werkzeuge antrift, welche, weil
ſie in dem unterirrdiſchen Reiche und denen
Erzen nicht ſo zu finden, können wir auch einen ſo
klaren Ausdruck der natürlichen Kräfte in ihnen
nicht erwarten. Nichts deſtoweniger wird an
denen Blumen unterſchiedlicher Gewächſe (welche etlicher maſſen die Augen abbilden) eine zärte-
re und genauere Empfindung der Hitze und Kälte, und anderer himmliſchen Einflüſſe, als in einigem andern Dinge verſpüret. Dieſes wird
offenbahr an denen Kräutern, welche ſich bey
Auf- und Niedergang der Sonnen, auf- und
zuſammen ſchlieſſen, welche Veränderung durch
den Geiſt, der das Herbeynahen und Abweichen
der Sonne empfindet, verurſachet wird. Denn
gewißlich die Blumen ſind, ſo zu reden, der Brun-

nen

nen des Geistes, da er heraus quillet und strömet,
wie solches aus dem Geruch, der in ihnen himmlischer und kräftiger angemerket wird, erhellet,
welches auch an denen sogenannten Thier-
Pflanzen, als dem gewachsenen Lamme, dem
Arbor casta, und vielen andern klärer erscheinet.
Dieses aber wird keinen als denen, die solchen
Geist von seinen Elementen abgeschieden, gesehen
haben, in den Sinn wollen, wobey ich es vor die-
sesmahl bewenden lasse.

Nächst der sinnlichen Natur des Menschen ist
der engkische der vernünftliche Geist. Dieser
hänget bisweilen dem Gemüthe oder obern
Theile der Seelen an, und alsdenn wird er mit
dem göttlichen Lichte erfüllet, gemeiniglich aber
steiget er herunter zu dem lüstigen unterm Theil,
welches St. Paul hominem animalem, den Seeli-
schen Menschen nennet, allda er durch des Himmels Einflüsse verändert, und auf mancherley
Weise von denen unordentlichen Zuneigungen
und Empfindlichkeiten der sinnlichen Natur
herumgezogen wird. Ueber dem vernünftigen
Geiste ist das Gemüthe, oder der verborgene
Verstand, der gemeiniglich der erleuchtete, und
von dem Moses Spiraculum vitarum genennet
wird. Dieses ist der Geist, den GOtt selbst in
den Menschen geblasen hat, und durch welchen er
wiederum mit GOtt vereiniget wird. Gleichwie nun das Göttliche in desselben Gemüth flies-
sende Licht, die unteren Theile der Seelen GOtt
ähnlich machete, und dieselbigen zu ihm kehrete:

Also

Also verdunkelte und verfinsterte hergegen der
Baum des Erkäntnisses die obern Theile, und
erweckete und reitzete die Seelische und sinnliche Natur.   Der ganze Inhalt ist dieser: So
lange der Mensch in seiner Vereinigung mit
GOtt verharrete, erkannte er allein das Gute,
das ist, die Dinge, die von GOtt waren; so
bald er aber seine Hand ausreckete, und von der
verbothenen Frucht, das ist, von der mittlern
Seele, oder Geist der grossen Welt aß, wurde
nach geschehenen Ungehorsam und Uebertre-
tung des Geboths seine Vereinigung mit der
Göttlichen Natur alsobald getrennet, und sein
mit dem Welt-Geist vereinigter Geist erkannte nur das Böse, das ist, die Dinge, so zu der
Welt gehören, er erkannte zwar das Gute neben dem Bösen, das Böse aber in weit grösserer Maaß als das Gute.

Etliche Funken der Gnade blieben ihm noch
übrig, und wiewohl auf seinen Abfall von dem
Göttlichen Licht die Vollkommenheit der Unschuld verlohren war, so behielt er dennoch das
Gewissen, das ihn theils anweisen, theils aber
bestrafen solte.   Also sehet ihr, daß diese mittlere
Seele durch den Baum des Erkäntnisses abge-
bildet ist, wer aber verstehet, warum von dem
Baum des Lebens, daß er in der Mitte des Gartens gestanden habe, und aus der Erden hervor
gewachsen sey, gesaget werde, der wird dasjenige,
was wir geredet, weit vollkommener verstehen.
Wir sehen auch ferner, daß die dem Baum des

D 3   Er-

Erkäntnisses zugeschriebenen Eigenschaften nur
allein in de mittleren Natur zu finden sind:
Erstlich wird er ein Baum, der darum, weil er
klug machete, wohl zu begehren wäre, genennet;
zum andern wird gesagt, daß er gut zur Nahrung
und denen Augen angenehm wäre; Also ist die
mittlere Natur auch, denn sie ist die einige Arzney die Hinfälligkeit des natürlichen Menschen
zu verwehren, und unsere Leiber in ihrer anfänglichen Stärke und Gesundheit zu erhalten. Letztens, damit ich auch etwas vor mich selbst rede,
so ist es keine neue unerhörte Phantasie, wie der
verständige Leser aus dem Trismegistus abnehmen kan, ja ich bin der gewissen Meynung, daß
die Egyptier die Erkäntnis von denen Hebräern,
die lange unter ihnen gewohnet, empfangen haben. Dieses ist in des Jamblichus Buche de
Mysteriis klar zu sehen, da er folgende Worte
setzet: Contemplabilis in se intellectus homo,
erat quondam Deorum contemplationi conjun-
ctus: deinde vero alteram ingressus est animam,
circa humanam formæ speciem contemperatam,
atque propterea in ipsa necessitatis, fatique vin-
culo est alligatus; d. i. Der in sich selbst be-
trachtende verständige Mensch war vor Zeiten
mit derer Götter Betrachtung vereiniget: Hernach aber ist er in eine andere Seele, als eine mit
menschlicher Gestalt temperirte Form eingegan-
gen, und um deswillen ist er in derselbigen mit
Noth und Todes-Banden gefesselt worden.
Und ich bitte euch, was ist uns wohl durch die
Poeti-

Poetiſche Fabel von dem Promotheus anders
angedeutet, der ein ſonderbares Feuer vom Himmel geſtohlen haben ſoll, vor welche Uebelthat
GOTT hernachmahls die Welt mit vielen
Krankheiten und der Sterblichkeit geſtrafet
habe? Aber hierauf könnte Jemand verſetzen:
Weil GOtt alle Dinge ſehr gut geſchaffen habe,
wie aus der Beſichtigung der Creatur am ſech-
ſten Tage zu ſehen, wie könte es denn von dem,
was an ſich ſelbſt gut war, zu eſſen, eine Sünde
in Adam ſeyn? Gewißlich, die Sünde war
nicht auf die Natur deſſen, was er aß, ſondern
auf den Inhalt des Gebots, in ſo weit ihm davon zu eſſen unterſaget war, gegründet. Und dieſes iſt es, was St. Paulus ſagt, daß er nichts von
der Sünde gewuſt hätte, wenn es nicht durch
das Geſetz geſchehen wäre; und abermahl an
einem andern Ort: die Kraft der Sünde iſt das
Geſetz. Daher wurde alſobald auf den Ungehorſam des erſten Menſchen und ſeine Uebertre-
tung des Gebots, die Creatur der Eitelkeit unterworfen. Denn der Fluch folgete, und die
unreinen Saamen vermiſcheten ſich mit denen
reinen, und regieren noch bis dieſe Stunde in
uns und allen andern natürlichen Dingen.
Daher leſen wir in der Schrift, daß die Himmel in ſeinen Augen nicht rein ſeyn. Auf dieſes zielet auch der Apoſtel in ſeinem Briefe an
die Coloſſer, daß es dem Väter alle Dinge, ſie
ſeyn auf Erden oder im Himmel, mit ihm ſelbſt
durch Chriſtum zu verſöhnen gefallen habe.

Hier müsset ihr wahrnehmen, daß Cornelius Agrippa den Beyschlaf (Actum generationis) vor die Erb-Sünde, die nur eine Würkung desselbigen ist, genommen hat, welches der einige Punct, in welchem er geirret hat. Ich habe nun mehrentheils meine Rede geendiget, doch will ich noch etwas von der Gelegenheit des Paradieses melden, und das um so viel mehr, dieweil von solchem Wollust-Garten viel ungereimte Meynungen vorhanden sind.

S. Paulus in seinem zweyten Brief an die Corinthier entdecket sie in folgenden Worten: Ich kenne einen Menschen in Christo über vierzehen Jahr her, ob er in oder ausser dem Leibe gewesen, kan ich nicht sagen, GOtt weiß es, derselbe ward aufgezogen in den dritten Himmel, und ich kenne denselben Menschen, ob er in oder ausser dem Leibe gewesen, kan ich nicht sagen, GOtt weiß es, wie er in das Paradies ist aufgezogen worden. Hier sehet ihr, daß das Paradies und der dritte Himmel nur verwechselte Redens-Arten sind, so daß eins das andere offenbaret. Ich könte von dem Baum des Erkäntnisses, der an sich selbst ein weitläuftiges und geheimes Stück ist, noch viel angeführet haben, will aber bey meiner sonderlichen Einsicht beruhen, und solche nicht mehr erweitern; auch hätte ich nicht so viel davon geschrieben, wenn mich die Liebe zur Wahrheit, und daß ich diese Gedanken nicht wolte untergehen lassen, dazu beweget.

Nun

Nun könnet ihr abnehmen, sofern ihr nicht
hartnäckigte Leute seyd, wie der Mensch gefallen,
und auch folglich errathen, wodurch er wieder
aufstehen soll. Er muß mit dem göttlichen Lichte,
von dem er durch Ungehorsam abgeschieden worden, wiederum vereiniget werden, von dem muß
eine Erleuchtung oder Tinctur in ihn kommen,
oder er kan die geistlichen Dinge so wenig, als
die natürlichen Farben ohne den Tag unterscheiden. Dieses Licht steiget herunter, und wird mit
ihm durch dieselbigen Mittel, wie seine Seele Anfangs hatte, vereiniget. Ich rede hier nicht von
der symbolischen äusserlichen Herabsteigung
derer Prototypischen Planeten zu denen geschaf-
fenen Sphären, und von dannen zu der Nacht des
Leibes; sondern ich rede von der geheimen Her-
abkunft des Geistes durch den ordentlichen Lauf
derer natürlichen Formen, welches ein grosses,
und nicht leichtlich begreifliches Geheimnis ist.
Es ist eine Cabalistische Absicht: Nulla res spiri-
tualis descendens inferius operatur sine indu-
mento. d. i. Kein von oben herab gestiegenes geistliches Wesen würket hierunter ohne ein angeleg-
tes Kleid. Dieses betrachtet wohl bey euch
selbst, und hütet euch, daß ihr nicht in dem Umkrei-
se wandelt. So lange die Seele des Menschen
in dem Leibe sich befindet, ist sie einem in einer finstern Laterne verschlossenen Lichte, oder einem
aus Mangel der Luft schier erstickten Feuer
gleich. Die Geister, sagen die Platonisten Procl.
de anima, so lange sie in ihrer Heimat bleiben,

ver=

vergleichen ſich denen Bewohnern grüner Felder,
die immerdar unter den Blumen einer wohlrie-
chenden Luft genieſſen. Hierunten aber in dem
Kreyß der Gebährung weinen ſie, wegen der Finſternis und Einſamkeit, wie Leute, die in einem
Peſt-Hauſe verſchloſſen ſind.

Hinc metuunt, cupiuntque dolent,
Dieſes machet die Seele ſo vielen Leiden unterwürfig, daß ſie faſt einem allerley Geſtalten an
ſich nehmenden Protheus ähnlich iſt, ietzt blühet
ſie, ietzt vergehet ſie, bald wird ſie mit Freuden,
bald mit Thränen erfüllet, und wenn ſie das
Spiel einmahl vollbracht, fänget ſie wieder von
neuen an, bis ſie endlich mit dem Seneca ausruf-
fet, quousque tandem! O wie lang: Solches
wird durch ihre weitſchweifige und unendliche
Fähigkeit, welche in nichts als in GOtt ihre Ver-
gnügung findet, und von dem ſie erſtlich herab
kommen, verurſacht. Es iſt wunderbar zu betrachten, wie ſie mit ihren Ketten ſtreitet, wenn
der Menſch in den letzten Zügen lieget, wie ſie
das Glück hintergehet, was vor Pracht und
Wohlgefallen, welch ein Paradies ſtellet ſie ſich
vor? Sie umſpannet Königreiche mit denen Gedanken, und erfreuet ſich alle desjenigen inwendig, was ſie äuſſerlich verliehret, in ihr ſind Mu-
ſter und Vorſtellungen aller in der Welt befindlichen Sachen. Gehet ſie mit ihren Gedanken
auf die Mitte des Meers, ſo iſt ſie alſobald daſelbſt, und höret das Rauſchen derer Wellen.
Sie reiſet unſichtbarer Weiſe von einem Ort zum
andern,

andern, und stellete sich abwesende Dinge als
gegenwärtige vor. Die Todten leben ihr, kein
Grab kan sich vor ihren Gedanken verbergen,
nun ist sie im Koth und Schlamm, und in einem
Augenblick über dem Mond.

Celsior exsurgit pluviis, auditque ruentes
Sub pedibus Nimbos, & cœca tonitrua calcat.

Aber dieses ist noch nichts, wenn sie einmahl aus
dem Leibe wäre, könte sie alsobald was sie nur
gedenket, verrichten; in diesem Stande kan sie
allgemeine Bewegungen der Luft und Wasser-
Kugel verursachen, und die Beschaffenheit derer
Zeiten verwechseln, so ist auch dieses von denen
zweyen Fürsten Avicebron und Avicen keine Fabel, sondern ein einmüthiges Vorgeben derer
Araber. Sie hat alsdenn eine willkührliche Gewalt in wunderbaren und mehr als natürlichen
Verwandlungen, sie kan ihr Wohnhaus ge-
schwinde von einem zu dem andern Orte bringen, sie kan durch die Vereinigung mit der allgemeinen Kräft. ihre Gedanken denen Abwesen-
den, sie seyn so weit entfernet als sie wollen, ein-
geben und mittheilen. Auch ist kein Ding unter
der Sonnen vor ihr verborgen, das sie nicht wissen solte, und wenn sie schon auf einer Stelle bleibet, kan sie sich doch die Verrichtungen, die aller
Orten geschehen, bekannt machen. Ich geschweige ihres Magnetens, dadurch sie so wohl
geist- als natürliche Dinge zu sich ziehen kan.
Letzlich: Nullum opus est in tota naturæ serie tam
arduum, tam excellens, tam denique miraculosum
quod

quod anima humana Divinitatis suæ originem
consecuta, quam vocant Magi Animam stantem,
& non cadentem, propriis viribus, absque omni
externo adminiculo non queat efficere, d. i.
Nichts ist in der ganzen Natur so schrecklich, so
herrlich und wunderbarlich, das die menschliche
Seele, so den Ursprung ihrer Gottheit wieder erlanget hat, und von denen Weisen eine stehende
und nicht fallende Seele genennet wird, nicht aus
eigenen Kräften ohne einzige äusserliche Bey-
hülfe ausrichten solte.   Aber wo ist unter so viel
tausend Welt-Weisen einer, der das Wesen ihrer Natur, und den eigentlichen und sonderbaren
Gebrauch derselben verstehet? Dieses ist Abra-
hams sehr grosses Geheimnis, welches sehr wunderbar, verborgen, und mit sechs Ringen versiegelt, und aus ihm gehet aus Feuer, Wasser und
Luft, welche in Männ- und Weiblein unterschieden werden.   Derowegen solten wir unaufhörlich bitten, daß uns GOtt unsere Augen er-
öfne, damit wir das uns mitgetheilte Pfund,
das nun in der Erden vergraben, und keinen Nutzen bringet, anzuwenden verstehen möchten.
Er ist es, mit dem wir durch ein wesentliches Be-
tasten oder Berühren müssen vereiniget werden,
alsdenn werden wir alle Dinge mit aufgedecktem
Angesichte, durch ein helles Gesicht in dem Göttlichen Licht erkennen.   Solcher Einfluß von ihm
ist die wahre eigentliche Ursache unserer Wieder-
geburt, und der in uns bleibende Saame GOttes.   Haben wir den einmahl überkommen, so
dür-

dürfen wir nicht unter dem Aristoteles und Cale-
nus dienen, oder uns mit dem närrischen Ob und
Ergo plagen, denn seine Salbung wird uns alles
lehren.   Aber gewißlich, das Vorgeben derer
Schul-Gelehrten, die etlicher massen GOtt und
die Natur einander zuwider machen, hat unser
Vertrauen zu dem Himmel dermassen geschwä-
chet, daß wir es, von dannen etwas zu empfahen,
ganz vor unmöglich halten; wenn es aber recht
erweget, und diese Wolke des Mißtrauens hinweg getrieben würde, könten wir schnell erfahren,
daß GOtt williger zu geben sey, als wir anzunehmen begierig sind.   Denn er machet den Menschen gleichsam zu seinem Spiel-Gesellen, daß er
seine Werke untersuchen und forschen solte, indem er die untern Creaturen nicht vor sie selbst,
sondern zu seiner eigenen Ehre gemacht hat, welche er nirgends vollkommener, als von dem Menschen, der den Geist der Unterredung habend, von
der Schönheit der Creatur urtheilete, und folglich seinen Schöpfer darüber lobete, empfangen
kunte.   Derowegen übergab ihm auch GOtt
alle seine Werke zu gebrauchen, und wie gemein-
sam ist er doch, oder wie spielet er vielmehr mit
Adam. Aus der Erden, sagt die Schrift, machte
GOtt der HErr ein jegliches Thier des Feldes,
und einen jeglichen Vogel der Luft, und brachte
sie zu Adam, um zu sehen, wie er sie nennen würde, und wie er eine jegliche lebendige Creatur
nannte, so war derselbigen Nahme.   Diese waren die Bücher, welche GOtt dem Adam und uns,
seinen

seinen Nachkommen, verordnete, nicht die Quinta
Essentia des Aristoteles, noch das Temperament
des widerchristlichen Galenus. Aber das heist ins
Wespen-Nest gestöhret. Nun werden mich die
Peripatisten, daß ich wider die gewöhnlichen Prin-
cipia geredet, anklagen, und die Schul-Geistli-
chen dem Satan übergeben. Ich weiß, daß ich
von denen meisten vor meine Mühe werde gehas-
set, und vielleicht wie Pythagoras in dem Lucianus
angepfiffen werden. Quis emet Eugenium?
Quis super hominem esse vult? Quis scire uni-
versi harmoniam, & revivscere denuo? Wer
wird Eugenium kauffen? Weil aber nach ihres
eigenen Meisters Lehre Ὅρκος τὸ τιμιώτατον ἐςίν,
die Hölle zu fürchten ist, auch eine betheurende
Bekräftigung einem Christen in diesem Stück
nicht verarget werden kan, so versichere ich durch
einen Eyd, und bezeuge vor meinem glorwürdig-
sten GOtt, daß ich dieses nicht aus Bosheit, sondern aus Eifer und Liebe zur Wahrheit und meinem Schöpfer geschrieben. Darum mögen sie
sich vorsehen, daß sie nicht, wenn sie Geheimnisse
verachten, die Majestät GOttes in seinen Creaturen beleidigen, und das Blut des Bundes mit
Füssen treten. Aber, solt ich nicht vor einen Beschwerer gehalten werden, indem ich denen Anfängen des Cornel. Agrippa, eines grossen Erz-
Zauberers, wie ihn die antichristischen Jesuiten
nennen, nachfolge? Er ist wahrhaftig mein Urheber, und nächst GOtt habe ich ihm alles, was
ich besitze, zu danken. Warum solte ich mich
schä-

schämen, solches zu bekennen; Er war, geehrter
Leser, adelichen Herkommens, und der evangeli-
schen Lehre zugethan, wie es aus seinen Schriften erhellet, das letzte, wiewohl boshaftige Zeugniß des Fromondus, eines gelehrten Päbstlers,
ungeachtet; laut seines Lebens-Laufs verhielt er
sich so wohl in Kriegs- als Friedens-Händeln,
wie einem berühmten Mann gebühret, als der zu
seiner Zeit bey denen grössesten Fürsten in hohem
Ansehen, und ein rechtes Wunder aller gelehrten
Leute war.   Er wuste sich über das ihm ange-
bohrne Elend empor zu schwingen, und ließ dem
Glücke sehen, daß man dasselbige beherrschen
müsse.   Dieses habe ich allen Betrügern zur
Antwort in Vernichtigung aller Lästerung wider ihn, zu seinem rühmlichen Andenken hieher
gesetzet.

Nachdem nun, o Leser! die Zusammensetzung
und königliche Hoheit des Menschen abgehandelt, werde ich nun etwas von seiner Auflösung
vorbringen, und meine Rede, gleichwie er sein Leben, mit dem Tode beschliessen.   Solcher ist nun
eine Zurückweichung des Lebens in das Verborgene, so daß nicht ein einiges Stäublein verlohren gehet, weil die verborgenen Naturen wieder
in denselbigen Zustand, in welchem sie vor ihrer
Offenbahrung waren, wieder zurück treten, welches die Ungleichheit des Gewichts in der Materie
verursachet.   Denn so bald durch übertretene
Ordnung eines Anfangs die Einstimmigkeit ge-
hemmet wird, entstehet gleichsam in dem ganzen
Gewe-

Gewebe des Lebens (so ferne die erste Einigkeit
nicht wiedergebracht wird) eine gänzliche Aus-
einanderziehung. In solcher Begebenheit ver-
kehren sich die wesentlichen Stücke des Menschen in jene unterschiedlichen Elementa, aus denen sie vor ihrer Zusammensetzung hergekommen,
weilen es eine blosse methaphysicalische Grille ist,
zu denken, daß GOtt in dem Werke der Gebährung etwas aus nichts hervorbringe. Also
gehen die irrdischen Theile, wie wir aus der Erfahrung lernen, wieder zu der Erden, und die
Himmlischen zu dem Ober-Himmlischen Kreyß,
und der Geist wieder zu GOtt, der ihn gegeben
hat, auch darf sich niemand über mein Vorgeben wundern, daß der Geist des lebendigen
GOttes im Menschen seyn solle, weil ihn GOtt
selbst vor den seinen erkennet, mein Geist (saget er,
denn so lautet es in hebräischer Sprache) wird
nicht allezeit in dem Menschen, als ein Schwerdt
in einer Scheide stecken bleiben, indem er Fleisch
ist, doch sollen seine Tage hundert und zwanzig
Jahr seyn. Wiewohl auser dem die Einbla-
sung desselben in Adam beweiset, daß er von
GOtt ausgegangen, und deswegen sein Geist sey.
Also bließ Christus seine Jünger an, und sie em-
pfiengen den Heiligen Geist. In dem Propheten Ezechiel kommet der Geist aus denen vier
Winden, und bläset die Getödteten an, damit sie
lebendig wurden. Dieser Geist nun war der
Geist des Lebens, und einerley mit demselbigen
Odem, der in den ersten Menschen geblasen
wurde,

wurde, dadurch er eine lebendige Seele ward;
ohne Zweifel aber ist der Odem oder Geist des
Lebens der Geist GOttes.   Auch ist dieser Geist
nicht allein in dem Menschen, sondern auch in der
grossen Welt, wiewohl auf eine andere Art: denn
GOtt athemet unaufhörlich, und gehet als eine
erfrischende Luft durch alle Dinge.   Derowegen
wird er auch von dem Pythagoras ψύχωσι τῶν
ὄκων, die Beseelung aller Dinge genennet, und
daher werden GOtt unterschiedliche Namen
nach denen mancherley Aemtern, die er zur Erhaltung seiner Creaturen verrichtet, in der
Schrift beygeleget.   Quia etiam (inquit Areopagita) in mentibus ipsum inesse dicunt, atque in
Animis, & in corporibus, & in cœlo esse, atque in
terra, ac simul in se ipso: Eundem in mundo esse,
circa mundum, supra mundum, supra cœlum, Su-
periorem Essentiam, Solem, Stellam, Ignem, A-
quam, Spiritum, Rorem, Nebulam, ipsum Lapidem, Petram, omnia esse quæ sunt, & nihil eorum
quæ sunt. d. i. Sie sagen, er wohne in Gemüthern
und Sinnen, in Leibern, er sey im Himmel und Erden, und zugleich in sich selbst: Eben derselbige
sey in der Welt, neben der Welt, über die Welt,
über den Himmel, das obere Wesen, Sonne,
Sterne, Feuer, Wasser, Geist, Thau, Nebel,
der Stein selbst, Fels, er sey alles was da ist, und
nichts von denen die da sind.   Und ganz gewiß
ist das andere, wegen seiner verborgenen Durch-
gehung und Durchdringung durch alle Dinge,
von ihm gegebene Zeugniß. Adam etiam & quod

    (Eug. Philal.)   P   omnium

omnium vilissimum esse, & magis absurdum vi-
detur: Ipsum sibi vermis speciem adhibere ab iis,
qui in rebus divinis multum diuque versati sunt,
esse traditum.　Nun diese figurliche Art der Rede, samt ihrer veränderten Benamung ist nicht
allein der heiligen Schrift gemein, sondern es
nenneten auch die Egyptier (wie Plutarchus erzehlet) Isin, oder das geheimere Theil der Natur
Myrionomos, ein solches, das tausend Namen
habe; daß auch solches Wesen diesen Namen
führen könne, ist denen Suchern des Steins der
Weisen nichts neues.　Doch auf das erste, von
dem wir abgewichen, wieder zu kommen; ich
habe euch berichtet, daß die unterschiedlichen
Anfänge des Menschen in seiner Auflösung durch
mancherley Wege, wie bisweilen gute Freunde
pflegen, hinweg gehen, die Erde zu der Erden,
wie wir zu reden pflegen, und der Himmel zu dem
Himmel, wie Lucretius singet:

Cedit item retro de terra quod fuit ante
In terram: & quod missum est ex ætheris Oris
Id rursum Cœli fulgentia templa receptant.

Aber noch deutlicher giebet es der Wahrsager
Virgilius, wenn er von seinen Bienen erzehlet:

His quidam signis atque hæc exempla secuti
Esse Apibus partem divinæ mentis, & haustus
Æthereos dixere: DEUM namque ire per omnes
Terrasque tractusque maris, cœlumque profun-
　　　dum.
Hinc pecudes, armenta, Viros, genus omne fera-
　　　rum,

　　　　　　　　　　　　Que

Queinque sibi tenues nascentem arcessere vitas,
Scilicet huc reddi deinde, ac resoluta referri
Omnia: nec morti esse locum; sed viva volare
Syderis in Numerum, atque alto succendere
coelo.

Diese Verschwindung oder Aufsteigung derer
inwendigen lüftigen Anfänge folget nicht alsobald auf ihre Voneinanderlösung: Denn dasjenige Theil des Menschen, welches Paracelsus
hominem Sydereum, den aus dem Gestirn genommenen Menschen, und noch geschickter Brutum
hominis, den thierischen Menschen, Agrippa aber
Idolum, ein Bild oder Götzen, und Virgilius
Aethereum, sensum atque Aurai simplicis
ignem
nennet, dieses Theil, des astralischen Menschen, sage ich, schwermet bisweilen um die
Schlaf-Kammer derer Todten herum, und solches wegen der zwischen ihm und der Grund-
Feuchtigkeit des Leibes befindlichen magnetischen
Kraft und Sympathie. In diesem Bilde herrschet die Einbildung, darinnen sie noch einen Eindruck des Hasses und Zuneigung, welchem sie in
dem Leibe unterworfen war, auch nach dem
Tode behält. Dieses verursachet ihm dieselben
Oerter, da sich der Mensch am meisten aufgehalten, durchzuwandern, und seine Geschäfte und
Lebens-Geberden nachzuahmen. Gedachte
magnetische Kraft wird auch durch die merkwürdige Begebenheit zu Paris herrlich bekräftiget, welche D. Flud, vermöge grosser und gelehr-

P 2 ter

ter Leute Zeugniß, wahrhaftig zu seyn vorgiebet,
Desgleichen führet Agrippa von der Wiederer-
scheinung der Todten folgende Worte an. Sed
& ipse ego, quæ meis oculis vidi, & manibus teti-
gi, hoc loci referre nolo, ne me ob rerum stupen-
dam admirationem de mendacio ab incredulis ar-
gui contingar; d. Ich selbst mag nicht erzehlen,
was ich mit meinen Augen gesehen, und mit Händen betastet, damit ich nicht von denen Ungläubi-
gen wegen des entsetzlichen Verwunderung vollen
Handels einer Lügen beschuldiget werde. Solches Spiel aber wehret selten über ein Jahr,
denn so bald der Leib gänzlich verweset ist, kehret
dieser Geist wieder zu seinem anständigen Elemente. Gemeldete Wiedererscheinungen haben
zum grossen Nutzen des Pabsts viel Geschrey in
der Welt erreget, derer fernere Erweiterung zu
meinem grossen Werk, da ich diese Geheimnisse
weitläuftiger abhandeln werde, versparet bleiben
soll.

Nun will ich von dem Menschen, in so weit er
einem übernatürlichen Gerichte unterwürfig ist,
etwas reden: Ich erkenne, daß auser dem Feuer-
Himmel zwey untere Verbleibungen oder Be-
hältnisse der Geister seyen. Das eine ist dieses,
welches unser Heyland σκότος ἐξώτερον, woraus
keine Erlösung zu hoffen, nennet, und wie es Plato
gegeben, ὅθεν ἄποτε ἐκβαίνουσιν, aus welchen die
Seelen nimmermehr heraus gehen. Das andere, halte ich davor, sey denen Elisischen Fel-
dern, als einer lieblichen angenehmen Land-
schaft,

schaft, oder so zu reden, denen Vorstädten des
Himmels, wie auch jenen sieben mächtigen Ber-
gen, auf welchen Rosen und Lilien wachsen, und
nach dem Esdras die Ausgänge des Paradieses
zu finden, in etwas zu vergleichen.   Ein solcher
Ort war derselbe, davon das Oraculum dem
Amelio sagte, daß die Seele des Plotinus sich
allda befinde,

Ubi amicitia est, ubi Cupido visu mollis,
Puræ plenus lætitiæ, & sempiternis rivis
Ambrosiis irrigatus a Deo: unde sunt
Amorum
Retinacula, dulcis Spiritus, & tranquillus æther
Aurei generis, magni Jovis.

Stellatus muthmasset, daß eine allmählige
Stufen-gleiche Aufsteigung der Seelen nach
Art der Versöhnung sey, und setzet ihre Wohnung in den Mond; Aber sie lebe wo sie will,
meine Meynung ist, diese mittlere Verbleibung
sey vor solche Seelen, die in dieser Welt nicht
völlige Busse gethan, verordnet.   Sie gehören
aber deswegen dennoch unter die Zahl derer, die
da selig werden sollen, und werden allda zu einer
fernern Reue im Geiste, über das im Fleische
begangene Unrecht aufbehalten.   Ich will aber
hiermit nicht das abgeschmackte Fegfeuer der
Papisten, oder dergleichen eingebildetes Tophet
vertheidigen, sondern das, davon ich rede, wird
durch eine starke Schrift befestiget, wenn St.
Peter von Christo, der nach dem Fleische getödtet,

aber nach dem Geist lebendig gemacht worden
sey, also spricht : In welchen er auch hingegan-
gen und denen Geistern im Gefängnis geprediget hat, die etwa nicht gläubeten, da einsmals
GOttes Langmuth harrete, in denen Tagen
Noah, als er den Kasten bauete, darinnen wenig,
das ist, acht Seelen durchs Wasser behalten
wurden. Diese Geister waren die Seelen dererjenigen, die in der Sünd-Fluth untergiengen,
und an diesem Orte, bis Christus käme, und ihnen die Busse predigte, verwahret wurden. Ich
weiß wohl, daß Scaliger, vorgebend, daß solches
von denen zur selbigen Zeit lebenden, welchen gepredigt worden, zu verstehen sey, dieser Auslegung zu entgehen gedenket. Aber ich werde solche einfältige Dummheit mit drey klaren aus
dem Spruche selbst genommenen Beweis-
Gründen widerlegen.

Denn erstlich wird nicht gesaget, daß der Geist
selber zu der Zeit ihnen gepredigt habe, sondern
der dahin gegangen durch den Geist, nemlich
Christus in der persönlichen Vereinigung seiner
Seelen und Gottheit, welche Vereinigung vor
der Sünd-Fluth, als diese Todten lebeten, noch
nicht geschehen. Zum andern ist geschrieben,
daß er Geistern, und nicht Menschen gepredigt,
und zwar solchen, die im Gefängnis, und nicht
denen, so noch lebendig waren, τοῖς ἐν φυλακῇ
πνεύμασι, welches dem Scaliger ganz zuwider
läuft, auch bekräftiget der Apostel im 4. Cap.
v. 6. diese Erklärung abermal, νεκροῖς εὐηγγελίσθη

denen

denen Todten sey geprediget worden, nicht denen
Lebendigen. Zum dritten spricht der Apostel,
diese Geister seyn nur bisweilen ungehorsam
gewesen, und erzehlet auch, wenn, nemlich in
denen Tagen Noah: daher schliesse ich, daß sie
zu dieser Zeit des Predigens nicht widerspenstig
waren, welches aus dem folgenden Capitel deutlich erhellet. Deswegen saget der Apostel, ist
auch denen Todten das Evangelium verkündi-
get worden, damit sie nach dem Menschen am
Fleische gerichtet würden, im Geiste aber GOtt
lebeten. Dieses Gericht des Fleisches war
auf ihren Ungehorsam in denen Tagen Noah,
gegründet, um welches willen sie auch ersauf-
fen musten, die Seligkeit aber im Geiste kam
aus ihrer Busse auf die Predigt Christi, die
nach dem Tode geschahe. Doch will ich dem
Leser dieses nicht als einer, der auf dem unbe-
trüglichen Stuhl sitzet, aufdringen, sondern ich
bin gewiß, daß der Spruch selbst keinen andern
Sinn in sich hält, so ist auch diese Lehre nicht
schädlich, sondern wie sie nach meinem Verstand nicht von der Barmherzigkeit GOttes ab-
ziehet, also träget sie auch viel zur Aufrichtung des
Menschen bey.

Nun will ich noch ein paar Worte, die mich
und die gemeine Philosophie angehen werden,
vorbringen, und hernach schliessen. Man wird
vielleicht fragen wer ich sey, und insonderheit,
was ich vor eine Religion habe? Meine Antwort ist: Ich bin kein Päbstler noch Sectirer,

P 4   son-

sondern ein wahrer und beherzter Protestant, nach
dem besten Sinn der Englischen Kirchen. Was
die Philosophie, wie sie gegenwärtig stehet, betrift, ist sie ganz unvollkommen, und allzusam-
men falsch, eine lautere Apothecker-Krämerey,
und eine Vermischung unbeständiger und gegen
einander lauffender Anfänge, die keinesweges
mit der Einstimmung und Weise der Natur sich
vereinbahret. Mit einem Wort, die ganze En-
cyclopedia oder Verfassung, wie sie sie nennen,
ausgenommen das demonstrative mathemati-
sche Theil, ist ohne das geringste Licht der Erfahrenheit auf blosse Einbildung gegründet. Derowegen wünsche ich allen wahren Söhnen meiner
berühmten Mutter Oxfort über den Aristoteles
wegzusehen, und ihrem Verstand den einigen und
wolkigten Horizont seines Textes, der eben von
solcher Kürze, als derer Grammaticorum Stega-
nographia, nicht zur Gränze zu setzen. Ich erwarte zwar vor diese meine Anweisung keinen
Dank, aber die Zeit wird gewißlich kommen, da
solche Wahrheit, und insonderheit das grosse Geheimnis, wovon in diesem Buch nur ein wenig be-
rühret worden, vollkommener geoffenbaret wird,
Solus Rex Messias, Verbum Patris caro factum.
Arcanum hoc revelavit, aliqua temporis pleni-
tudine apertius manifestaturus. Welches des
Cornelius Agrippa eigene Verkündigung ist, und
ich hoffe, daß, wenn nichts als das Andenken von
mir übrig seyn wird, sie alsdenn Gönner gnug
finden werde.

I. O

1.

O süsser JEsu, du hast dieses Wort gesprochen,
Wann ich erhöhet bin, und wann ich mich ge-
stochen,
So will ich zu mir ziehn ins hohe Himmels-
Zelt
Ein jedes frommes Herz, das nicht mehr liebt
die Welt.

2.

Ich Armer liege hier in Leimen eingehüllet,
Der macht, daß mich dein Glanz nicht durch und
durch erfüllet,
Ach reiche deine Hand, denn ich bin unge-
schickt
Im Glauben treu zu seyn, er wird gar bald
erstickt.

3.

An meinem Leibe ist nichts tüchtiges zu finden,
Die Seele lieget krank, und ist ganz todt in
Sünden;
Den Kranken heilet zwar oft eine Arzeney,
Wer aber machet den, der todt, vom Tode
frey?

3.

Nur du allein, mein GOtt, kanst mir das Leben
schenßen,
Drum wollest du an mich in diesem Jammer
denken,

Vertreibe du von mir den Schlaf der Eitel-
keit,
Damit ich auferfteh noch in der Gnaden-
Zeit.

5.

Es mangelt mir zugleich das Wollen und Vollbringen,
Ich kan mich felber nicht zu dir in Himmel
fchwingen,
Weil mich die Welt beftrickt, HErr ziehe mich
zu dir.
So kan es leicht gefchehn, ja denn fo lauffen
wir.

5.

HErr JEfu laß mich bald der Sünde geiftlich
fterben,
Und fo durch deinen Tod das wahre Leben
erben;
Du geheft felbft voran, ich muß dir folgen
nach.
Wo nicht, fo komm ich leicht in ewig Weh
und Ach!

7.

Damit ich nun hinfort nicht mehr in Sünden
lebe,
So gieb, daß ich mich ganz in deinen Willen
gebe,
Und fchreibe dein Gefetz in mein Gemüth und
Sinn,
Dieweil ich von Natur nur immer fleifch-
lich bin.

8. Laß

8.

Laß deinen Geist in mir das rechte Abba schreyen,
Und mein Gewissen ganz von aller Angst be-
freyen;
Denn ich verstehe nicht, wie ich recht bitten
soll,
Noch was mir nützlich ist, du aber weißt es
wohl.

9.

Durch ihn allein kan ich dich einen HErren
nennen,
Und hier im Glauben recht als meinen GOtt
erkennen;
Er treibet mich zur That, damit ich bringe
Frucht
In Hofnung und Gedult, in Liebe, Treu
und Zucht.

10.

Wenn ich nun dermaleins soll von der Erden
scheiden,
So nimm mich auch zu dir, da deine Schaafe
weiden;
Da gar kein Leid noch Quaal die Deinen
rühret an,
Denn das was Schmerzen bringt ist gänzlich weggethan.

11.

Da werd' ich frölich seyn, und alles Leid ver-
gessen,
Wenn ich vom Lebens-Baum die Früchte werde essen;

Und

Und schauen deine Pracht und deine Lieblichkeit,
Da reine Wollust ist, und stete Sicher-
heit.

Ich habe nun, werthester Leser, meine Absicht
erreichet, wie nachtheilig aber solche vor mich seyn
wird, kan ich nicht sagen, ich bin gewiß, es werde
ohne Widersprechen nicht abgehen, doch bin ich
zufrieden, wenn du mich nur dieser Bitte gewäh-
rest, nemlich, in diesem Buche nicht auf Schmuck
und Zierlichkeit der Rede zu sehen, und das um so
viel mehr, weil die Englische Sprache mir nicht
angebohren, und dieses Werk in meinen Trauer-
Tagen über das Absterben eines Bruders geschrieben worden. Schließlich, so fern ich in
einer Sache geirret, da ich doch denen Regeln
der Schöpfung nachgefolget, befehle ich dasselbe
GOttes und nicht derer Menschen Barmherzigkeit, welcher am Tage der Rechenschaft
uns zu vergeben, so geneigt als
vermögend ist.

E N D E

ANIMA MAGICA
ABSCONDITA,
Oder

Eine Rede von dem

allgemeinen Geiste der
Natur,

Samt dessen tief verborge-
nen, wunderbaren und merk-
würdigen Auf- und Nie-
dersteigen,

Durch

EUGENIUS PHILALETHES.

Stapul: in Dion:

Est autem Universum-Speculum unum, ad
quod astans amor suum efformat
Idolum.

Du a Digon: Hêb Dhû, Hêb Dhim.

Aus dem Englischen übersetzt.

Leipzig und Hof,
Verlegts Johann Gottlieb Vierling,
Anno 1749.

Nachricht an den Leser.

Sofern die alte Krätze der Schreibsucht, welche derer Galenisten gemeine Krankheit, etwa einen von ihrem Geschlechte ankommen solte, erwarte ich von ihm nachfolgende Verrichtungen: Erstlich eine deutliche ausgedruckte Erklärung aller Haupt-Oerter in diesem Buch, ohne Verdrehung des Sinnes seines Urhebers: denn wo sie dieselben anders, als sichs gebühret, auslegen, verwerfen sie nur ihre selbst eigene vorgebrachte Irrthümer. Zum andern, ihren gemeinsamen Umgang, und erlangtes Erkäntniß in dieser Kunst zu erweisen, sollen sie dem Leser eine, in gewissen Puncten verfassete Entdeckung aller darinnen befindlichen Geheimnissen einhändigen, können sie aber dieses nicht ausführen, so beweiset es genung, daß sie nicht verstehen, was sie widersprechen, und wenn sichs also verhält, wie können sie urtheilen? oder so ferne sie es unternehmen, wo ist die

Gewiß-

Gewißheit des zu erhaltenden Sieges? Drit-
tens sollen sie mein Buch durch zerstreuete An-
merkungen nicht verstümpfen, sondern mit
dem über jegliches Theil abgefasseten Gut-
dünken ordentlich verfahren, was dunkel ist er-
klären, und die Handarbeit desselbigen anweisen, damit der Leser nicht allein meine Sätze
in ihrer Theorie, sondern auch, so ferne er jenes
nachthun wird, durch seine eigene Erfahrung
falsch befinden.

Ferner habe ich an den geneigten Leser noch
zwey Erinnerungen. - Erstlich wolle er meine
Studia wegen meiner wenigen Jahre nicht verachten, indem es derer meisten Leute Gebrauch,
die Erkäntniß nach dem Alter abzumessen, er
sehe aber vielmehr auf die Seele, die ein Wesen solcher Natur ist, das zu seiner Vollkommenheit ein langes Leben erheischet. Zum
andern übereile er sich nicht in Erwehlung der
zu unserer Kunst erforderten Materia, dieweil
sie nicht vor eine Sache, die so leichtlich aus-
geforschet wird, zu halten. Sie ist weder Erde
noch Wasser, weder Luft noch Feuer, sie ist
kein Gold, Silber, Kupfer, Bley, Spießglaß,
Vitriol, noch irgend eine Art eines Erzes.
Sie ist kein Blut noch Saame eines Indivi-
dui, wie etliche widernatürliche und unver-
schämte Auctores sich eingebildet haben. Sie
ist kein Erz, kein Gewächs, kein Thier, sondern

dern so zu reden ein Systema oder Verfassung
aller dreyen. In deutlicher Benennung ist sie
der Saame des grossen Thieres, der Welt,
oder Himmels und Erden, unser ganz verborgener wunderlicher Zwitter. Wenn ihr diesen,
und samt ihm die Wasser-Feuer-Magische Kunst
erkennet, möget ihr euch des Werkes mit Si-
cherheit unterfangen, wo nicht, so stürzet ihr
euch selbst in Armuth. Nehmet nichts
ohne Wissenschaft vor, und bleibet in denen von der Natur euch vorgesetzten Schranken.

Londen, 1650.

Eugenius Philaletha.

Vorrede

Vorrede
an den geneigten Leser.

Nun wohlan! was wird aus mir werden? ich habe mich weder bey denen Sternen noch ihren Urin-Gläsern denen Calendern Raths erhohlet. Ein feiner Gesell, der die Propheten, so alle Tage in Engelland gelesen werden, verachtet. Sie mögen mir dieses παρό-ραμα verzeihen. Es findet sich in ihrer Kunst ein Geheimniß, davon sie noch nicht einmahl gehöret haben: Cœlum stellatum Christianum: ein neuer an die alte Erde gedichteter Himmel, allwo die zwölf Apostel den Zodiacus inne haben, und alle Heiligen an die Mitternächtige und Mittägige Seite in Ordnung gestellet sind. Nun wäre es eine artliche Sache, wenn S. Paul Ascendens wird zu predigen, würde ihm nicht ein Päbstler lieb-kosen, daß er seinen Pabst unter S. Peter erweh-let, behalten möge? Leser, wenn ich mit diesen Dingen umgienge, müste ich meinen Fleiß übeler als jenes unglücklichen Römers an seinem Troilus angewendet achten. Ich wage mich heraus, als wenn in dem Tage keine Stunden, oder in denen Stunden keine Planeten wären, hüte mich auch vor nichts, als dem Nachspiel des Perendega in Michael certantes: Es lebe der alte Mann, mein HErr, und Christus sey mit uns allen. Du

(*Eug. Philal.*)   Q   wirst

wirst dich vielleicht verwundern, wohin sich dieses
beziehe, indem ich zu einem Cardinals-Hut keine
Anwartung habe. Ich bitte vor die Todten,
das ist, ich wünsche denen, so es mit ihrer Arbeit
verdienet, ein gutes Andenken. Als Ich ein
voriges Buch in die Censur gab, (welcher
brauch schon viel Wahrheiten gleichsam in der
Wiegen ersticket) trug es sich zu, daß ein gelehrter Mann mir eine böse Meynung, die er von einem Autor Cornelius Henricus Agrippa hätte,
vorhielte, wiewohl ich eigentlich erkannte, daß dieser tapfere Mann nicht nur bey einem, sondern vielen, welches insgemein tieffsinnigen Schreibern
wegen ihrer Dunkelheit wiederfähret, dergleichen Verdacht leiden muste. Gleichwie die
Flecken in dem Mond vor Erde, die doch
wahrscheinlicher nur Wasser sind, von etlichen Menschen angesehen werden, auch ist kein
Tag so klar, da nicht etwas trübes auf dem Horizont zu sehen wäre: Also gehet es, wenn Leute
von geringen Verstande sich an hohe Dinge machen, die doch in ihrem Gehirn nur einen Nebel
hinter sich laffen. Hätte er in seiner Unwissenheit, wie die meisten pflegen, hingelebet, wäre er
vielleicht mit denen, in diesen letzten Jahren auf-
gestiegenen Wolken, auch ohne die geringste
Anmerkung vorbey gelauffen. Wie ich aber
davor halte, daß die Wahrheit der Haupt-Zweck
sey, dem ich zugethan bin, so halte ichs meiner
Pflicht gemäß, ihn, von dem ich sie empfangen
habe, zu vertheidigen. Denn als die Welt die-

ses Mannes Anfänge durch keine Beweis-Grün-
de widerlegen kunte, versuchte sie dieses durch Auf-
lagen auszuführen, und suchten diejenigen, mit
welchen die Juden seinen Heyland beschweret,
gegen ihn hervor: Du bist ein Samariter!
du hast den Teufel! Der oberste dieser Verfol-
ger ist Licognes, und neben ihm Delrio in seiner
fabelhaften Nachforschung. Aber Paulus Jovius hat den Koth aufgerühret, und in denen Be-
schreibungen derer Lebens-Läufe anderer Menschen meinen Auctor getödtet. Gewißlich er
und sein Poet, welchen er, wie es scheinet, um in
seine ungebundene Rede Reimen einzuflicken ge-
dinget hat, damit die Lügen desto ansehnlicher
würde, haben es mit sonderbahren Nachdruck
ausgeführet. Quis (inquit ille) in Henrici Cor-
nelii Agrippæ vultu portentosum ingenium latuis-
se crediderit? In seiner folgenden Rede bekräftiget er seine Frage, und verkehret meines Auctoris
beste Schriften in lauter Schand-Bücher, die
zu seinem Andenken bleiben sollen. Aber, was
ihn am meisten verdreust, ist, daß Agrippa seine
Lehre aus der Schrift beweisen darf: Darauf
wiederholet er die Beschuldigung mit seinem
Hunde-Teufel, dessen emblematischer Weise mit
Nägeln versetztes Halsband den Namen seines
Spiritus familiaris in sich enthalten habe. Zum
Beschluß dieser Historie, so sey er zu Lion gestorben, und weil die Zeit seiner Hinfahrt heran gewesen, habe er ihn mit diesem verzweifelten Ab-
schied, nebenst Offenbahrung des mit ihm ge-

Q 2 habten

habten Verständnisses von sich gelassen: Abi
perdita Bestia, qui me totum perdidisti. Dieses
ist die gröbeste Lügen, und nach denen Umstän-
den, die man von dergleichen Begebenheiten erzehlet, ganz unwahrscheinlich. Die Teufel
pflegen ihre Beschwerer zur Zeit des Absterbens
nicht so zu verlassen, wollen sich auch auf diese
Art nicht abweisen lassen, weil jetzo die Stunde
ist, in welcher sie ihren Raub erjagen, da sie als
verstellete Knechte zu grausamen Tyrannen werden. Nebenst dem, ist es nicht ungereimt, daß
einem dieser Teufel als ein Hund von Aprippa
Wohnhause biß nach Araris folgen solte, da er sich
selbst (wie der Prälat vorgiebt) ersäufet habe;
Gewißlich die Geister gehen unsichtbar hinweg,
deren Spur kein lebendiger Mensch ausforschen
kan. Wer dieses gläubet, wird auch die Fabeln
des Fegfeuers vor wahr halten. Nun hast du,
O Leser, das schlimmeste angehöret, leihe nun
auch dein gerechtes Gehöre das Beste zu ver-
nehmen. Weierus, ein abgesagter Feind der ce-
remonialischen Magie, der auch etlichemahl bey
dem Agrippa Secretarius gewesen, schreibet in seiner Dæmonomania folgendes: Er verwundere
sich, daß etliche gelehrte Deutschen und Italiäner
seinen Herrn in ihren öffentlichen Schriften
durchhächelten, daß er einen Hund gehabt, der
Monsieur geheissen, bekennet er, und habe ihn Zeit
seines währenden Dienstes, wenn Agrippa in Filz-
Pantoffeln herum gieng, im Ausgehen mit sich
genommen; es sey aber ein natürlicher Hund gewesen

wesen, welchem er auch eine Hündin gleicher Farbe, die er Mademoiselle genennet, zugekuppelt habe. Man gestehet, daß er, wie etliche Menschen pflegen, den Narren an diesem Hunde gefressen, und
weiln er sein Weib von sich scheiden lassen, hat er
selbigem unter einer Decke, mit ihm zu schlafen,
zum Possen vergönnet. Es pflegte auch gedachter Hund, wenn sein Herr studirete, an seinem
Tische zu liegen, von welchem dieser grosse Philo-
sophus, hinter seinem papierenen Hausrath sich
versteckend, bisweilen die ganze Woche durch
nicht aufgestanden. So emsig war er vor das
Beste der Nachkommen, die ihm aber seine Mühe gar kaltsinnig belohnet haben. Ich habe in seinen Briefen wahrgenommen, daß, als er zu Mo-
liues Resident war, ihm seine Leute seiner Hunde
Zustand von Haus aus schriftlich meldeten, solch
eine unanständige Neigung hatte er zu diesen
Creaturen. Aber ich muß mich zu dem übrigen
der Historie wenden. Paul Jovius erzehlet, daß
er zu Lion in einem schlechten und finstern Gast-
Hause gestorben sey. Weierus aber, der nach
seines Herren Tode mehr Ursach zu fragen gehabt,
saget, er sey zu Granopel im HErrn, und nicht in
Verzweifelung, wie seine Feinde wollen, ent-
schlafen. Nun ist ein ziemlicher Schritt von
Gratianopel nach Lion, daher dieser Paul Jovius
ein seltsamer Welt-Beschreiber. Es ist aber,
geehrter Leser, nicht mein Vorsatz, in dieser Sache
etwas zu hinterhalten, wisse demnach, daß Agrippa
einen andern Hund hatte, vielleicht an statt seiner
Kin-

Kinder, welcher in grösseren Ehren, denn die meisten seines Herrn Widersacher, gestorben. Denn als sich mein Urheber durch verborgene Mittel in wunderbares Ansehen gebracht, schrieben etliche gelehrte Männer Grab-Schriften von ihm, davon etliche gedruckt, und noch vorhanden sind. Aus dieser Fabel des Cerberii oder Höllen-Hundes hat Baptista Possevinus folgendes gedichtet:

Vivens quem cernis tumulam, ne forte meretur
Os placidum, ſtygii Rex fuit iſte Lacus.
Quare etiam cuſtodem habuit, dum viveret Orci
Cui nunc in tenebris præda daret Comitem.
Aſt hic, ſi ingenium moderari ſciſſet, ad auras
Tantum iſſet, quantum Tartara nigra ſubit.

Also haben sie ihn vor einen, der ganz mit dem Teufel besessen, gehalten; Warum soll aber die Wahrheit nicht so wohl als eine Beschuldigung in Versen ihren Lauf haben?

Sic Agrippa *ingens* duplici *quoque ſufficit* Orbi,
Fractaque diverſas *Fabrica monſtrat* Opes.
Terram *terra capit,* Cœloque affinia *Cœlum*
Poſſidet: Hoc *vivus ſcripſerat ante* Sophos.
Natura naturam trahit: *ſimilemque* Supernæ
Hanc animam, *agnoſcit* vira Superna ſuam;
Sic vivens, moriensque docet: *dumque altus
in* aſtra
Tendit, habet Magicas *parca vel ipſa* manus.

Beliebet dem Leser von seinem Mißfallen an der Zauber-Kunst mehrere Gewisheit zu haben, so lese er seine ganze Christliche Bestrafungs-Schrift wider den am Französischen Hofe sich damals

mals aufhaltenden deutschen Beschwerer. Ja er
hatte so ein eifriges und empfindliches Gewissen,
daß, als etliche Geistlichen um eine Auslegung
über den Trismegistus anhielten, gab er ihnen eine ernstliche Antwort, und gründete alle wahre
Erkäntnis auf die H. Schrift. Mit einem Wort,
er hassete nicht nur gottlose, sondern auch eitele
Künste, und verlohr deswegen die Gnade der
Königl. Frau Mutter, weil er in der Astrologie
keine Bedienung von derselben annehmen wolte,
in welcher Wissenschaft natürlichen Stücken, so
die Gebährung und Verwesung angehen, er son-
bare Gelehrsamkeit hatte. Aber er wuste wohl, daß
es vergeblich wäre, die bestimmten Ausgänge derer Sachen in denen Planeten zu sehen, weil solche
nicht in der Natur, sondern in denen obern Ta-
feln der Vorsehung GOttes angezeichnet sind.

Nachdem ich nun seine Aufrichtigkeit gnugsam
erwiesen, will ich auch mit wenigen die Ursachen
seiner Verfolgung anzeigen. Er war der Prote-
stantischen Religion zugethan, und hätte ich Musse
seine Werke anzuziehen, wolte ich stracks beweisen, daß er der Päbstischen Kirchen nicht angehan-
gen. Denn in seinem Buche de Vanitate Scien-
tiarum hält er nichts von München und Brüdern,
und nennet sie Secten, von welchen die erste Kirche in ihrer Reinigkeit nichts gewust habe, daher
seine nachdenkliche Vergleichung mit der Hu-
ren-Kappe die Päbstler noch heut zu Tage beisset.
Er widerspricht auch ihren Bildern, der Anruf-
fung der Heiligen, ihrem Fegfeuer, und Ablaß,

Q 4 und

und will, daß man denen gemeinen Leuten das
Abendmahl unter beyderley Gestalt geben solle:
er tadelt gar den Pabst, und streitet wider das
Inquisitions-Amt. Was er auch von Luthern ge-
urtheilet ist nicht schwer aus seinen Briefen zu errathen, wenn er den Melanchthon um folgendes
bittet: Grüsse mir den unüberwindlichen Ketzer,
Martin Luthern, welcher seinem GOtt nach dem
Wege, den sie eine Secte heissen, dienet. Letzlich
hält er es allein mit dem geschriebenen Wort, sel-
biges denen Menschen-Satzungen vorziehend,
das denen Päbstlern ganz zuwider, die solches
nicht vor den einigen Richter in Streit-Sachen
erkennen wollen. Dieses ist der Mann, und also
ist er zu Hause beschaffen, wie heßlich auch die
Welt draussen ihn abgemahlet hat.

Was seine geheimeren Anfänge betrift, ist dir
das vornehmste derselbigen in folgender Rede
offenbaret, welches, so du es begreiffest, wird es
dich, ihn insonderheit wie Trismegistus den Menschen insgemein θεὸν ὁρατὸν, oder Panætius seinen
Plato einen göttlichen, heiligen und weisen Menschen, ja ein Homerus derer Weisen zu nennen
bewegen. Aber so wenig Blätter einer Vorrede können sein verdientes Lob nicht in sich fas-
sen, darum will ich nichts mehr erzehlen, und die
seine Studia anbefehlend mit der Grab-Schrift
des Platina aufhören:

Quisquis es, si pius, Agrippam
Et suos non vexes: Anguste
Jacent, & soli volunt esse.

ANIMA

ANIMA MAGICA
ABSCONDITA.

Schlösser in die Luft bauen, ist bey allen, Menschen ein gemeines Sprichwort, bey denen Peripatisten aber eine gangbare Verrichtung. Ich habe mich oft verwundert, daß der Zweck und Wiederschall ihrer Weltweisheit ihre Falschheit nicht klärlich entdecke. Sie dienet nur allein zum Wort-Krieg; Modus und Figura sind ihre beyden Säulen, ihr non ultra, und Heptarchia endiget sich in einem Vernunft-Schluß, und der beste Professor unter ihnen ist nur ein wohlabgerichteter und geübter Zänker. Die zu ihrer Erlernung angewendeten siebenjährigen Studia sind sieben Hunger-Jahre, sie lassen die Seelungesättiget von sich, und sind einem Traume ähnlicher, denn jener des Pharao. Denn gewißlich, so fern die Schau-Bühne und Herrschaft derer Träume die Einbildung nicht übergehet, so mögen die Phantasien solcher Leute, die ihre Urheber nicht übertreffen, auf demselben Bette schlafen.

Solche Secte nun kan mit Recht ἀπὸς ὀνεραν genennet werden, derer Conceptiones nicht auf den geringsten in der Natur befindlichen Beweis-Grund gesetzet sind, und bemühet sich doch die Natur auf ihre selbst

erdach-

erdachte und verfassete Conceptiones oder
Muthmassungen zu gründen.   Ihre Weisheit
ist auf allgemeine blosse Lehr-Sätze gebauet, die
von solcher weitläuftigen Ausdehnung, daß sie
sich auf alle Dinge schicken, aber zur inwendigen
Eröfnung derselbigen keinen Anlaß geben.
Also ist ihre Mißgeburth gestaltet, auf welche
sich viel beygefügte Irrthümer beziehen, die mit
ihren Gründen eine Gleichförmigkeit haben sollen, aber gewißlich keine derselbigen von sich blicken lassen.   Diese letztern ihr zum Schmuck
dienende Federn sind nun durch Zertheil-und
Unterscheidungen dermassen durchschnitten und
wackelnd gemacht, daß ihre Gönner nicht mehr
wissen, wie sie dieselben befestigen wollen.   Ich
kan ihr Vorgeben von der Natur einem in eine
Tapete gewirketen Walde vergleichen, da zwar
viel Aehnlichkeit, aber keine würkliche Gegenwart zu finden.   Ein solches ist das Kind der
Einbildung, ein Mährlein in dem Syllogismus, ein
Tand ihres eigenen Gehirns, nicht ungleich jenem Gewebe, das des Lucianus Spinne zwischen dem Mond und die Venus gezogen.   Die
Natur insgemein, sagen sie, sey der Anfang
der Bewegung und Ruhe.   Eine Gestalt
(forma) λόγος τῆς ἐσίας, ein Wort des Wesens, die eine Benennung ist, davon sie selbst
nicht wissen, was damit zu thun, und die Seele
sey Ἐντελεχεία oder actus Corporis Organici.
     Diese zwo letzten Beschreibungen (denn sie
sind keine wesentlichen Definitiones) sind solche,
ver-

verborgene Räzel, die Aristoteles, wie ich gläube,
darum gebrauchet, damit er seine in diesem Stück
gehabte Unwissenheit erkennen könte. Denn
warum solle eine forma λόγος genennet werden,
oder in was vor einem Auctor ist diese Εντελεχεία
mehr zu finden? dieweil aber die Natur insgemein, das ist, nach ihren würkenden und leidenden Theilen, nemlich Materia und Forma, ge-
sämtlich mit der Seele des Menschen der Haupt-
Grund ist, worauf eine Philosophie zu setzen,
und dieser Aristoteles durch seine Untersassen zu
zu einen solchen Heiligen gemacht, daß die Cölni-
schen Geistlichen ihn vor einen Vorläuffer Christi in denen Natur-gleichwie Johannes in denen Gnaden-Werken zu halten bewogen: will
ich seine Definitiones weiter untersuchen, und den
Nutzen, so ich finde, mit Dank erkennen. Erstlich nun solte man gedenken, ich wäre diesem
Mann verbunden, indem er mich berichtet, daß
die Natur ein Anfang sey. Zwar auf solche
Weise kan ich dem Leser auch melden, derer wahren Weisen leidender Geist sey ein Anfang, wenn
ich ihn aber nicht ausdrücke, was vor eines Wesens Art er sey, will ich ihn zehen Jahr forschen
lassen, und er wird doch ohne übernatürlichen
Beystand nicht erkennen, was oder wo er sey.
Aber ihr werdet einwenden: Er sage mir ferner,
sie sey ein Anfang, der die Leiber zur Bewegung
und Ruhe bringe. Ich danke ihm vor sein
nichts, ich begehre nicht zu hören, was gedachter
Natur-Anfang würke, denn solches stehet ieder-
man

man vor Augen, ſondern zu wiſſen, was er ſey:
derowegen mag er ſeine Definition einpacken.
Abermal könnet ihr entgegen ſetzen, er zeige mir
nicht allein, daß die Natur ein Anfang, ſondern
auch eine Forma, und daß daher folglich die Forma die Natur ſey. Das iſt einerley Wort-
Wechſel, er hält mich in einem Umkreiß des Wiſſens gefangen, und löſet ganz und gar nichts auf:
nächſt dem bedeutet auch das Wort Forma, nach
dem eigentlichen Verſtand der Sprache, nur die
äuſſerliche Symmetrie oder Geſtalt eines Dinges: die Peripatiſten aber, die mit der Sprache
wie mit der Natur betrüglich umgehen, nehmen
die Würkung vor die Urſache, überſetzen ſolches
anders in ihren Büchern, doch will ich es vor die-
ſesmal nach ihrem Sinn nehmen, und mich ihrer
Auslegung unterſchreiben. Die Forma nun
nach ihrem Begriff iſt mit der Vi formatrice
(δύναμις πλαςική) oder bildenden Kraft einerley, welche Ariſtoteles λόγον τῆς ἐσίας, das Wort
des Weſens nennet. Ich muß bekennen, ich
verſtehe ihn nicht, und will ihn derowegen nach
ſeiner Schüler Auslegung auf Glauben annehmen. Denn es wird darum, ſagt Magirus, λόγος
genannt, weil es ein natürliches Weſen vollendet, ausgeſchmücket und zu einer Geſtalt bringet,
damit durch dieſelbe eines von dem andern unterſchieden werde. Dieſes iſt eine Beſchreibung
des Amts und Würkung derer Geſtalten, welche aber ihre Eigenſchaft und Weſen im gering-
ſten nicht anzeiget.

Nun

Nun wollen wir hören, was er von der Seele
des Menſchen vorbringet; die Seele (ſpricht er)
ſey Εντελεχεία, d. i. Conſummatio oder Vollen-
dung, oder grob, wiewohl deutlich, zu reden Finihabia, obſchon es ſeine eigene Nachfolger falſch
überſetzen, Actus Corporis Organici: weil aber
dieſe Benennung nur denen Thieren und Pflanzen zugeeignet wird, hat er eine andere zuſammen geſtoppelt. Anima eſt principium quo vivi-
mus, ſentimus, movemur & intelligimus, d.i.Die
Seele iſt ein Anfang durch den wir leben, empfinden, verſtehen, und beweget werden. Dieſe
beyden Beſchreibungen nun berühren nur die
Würkungen und Eigenſchaften, welche die
Seele in dem Leibe verrichtet, offenbahret aber
ihre Natur und Urſprung nicht. Es war von
Galenus ſehr klug gehandelt, daß er ſeine Unwiſ-
ſenheit, das Weſen der Seelen betreffend, bekannte, nichts deſtoweniger iſt dieſer Geſelle, der
doch ſolche Ehre gar nicht verdienet, ein Fürſt der
Weltweiſen genennet worden, nach deſſen Lehr-
Sätzen anderer berühmten Auctoren Schriften
als einen Probier-Stein geprüfet werden, ja die
heilige Schrift ſelbſt wird oft ſo lange von ſeinen Schülern gemartert, biß ſie derſelben ein be-
liebiges Jawort vor ſeine Schlüſſe abzwingen.
Es iſt ein elendes Spiel ſich auf dieſen Heyden
zu ſtützen, ſein Stroh und Stoppeln zu ſammlen,
und ſich ſelbſt nicht beſſer zu kennen, als daß die
Seele die Urſach des Lebens, derer Sinne,
Bewegung und Verſtandes ſey. Ich habe mit
dieſer

dieſer gewöhnlichen Narrheit groſſes Mitleiden,
daß wir uns um durch groſſe Unkoſten und Fleiß
nur etliche wenige äuſerliche Wahrheiten, die
ein jeglicher Bauer ohne Bücher verſtehet, gleichſam auf die Lehre (oder Handwerk) dingen laſſen. Gewißlich die Natur iſt ein ſolcher Vor-
mund, das niemand in dieſen Dingen unwiſſend
ſeyn kan: denn wer iſt ſo dumm, der den Unterſcheid zwiſchen dem Leben und dem Tode,
der Abweſenheit und Gegenwärtigkeit ſeiner
Seelen nicht verſtehe? da doch dieſe Definitiones, ob ſie gleich als rare, tiefſinnige und
philoſophiſche Schluß-Reden angeſehen werden, uns nichts beſſers anweiſen. Hinweg
denn mit dieſer peripatiſtiſchen Welt-Weisheit und nichtigen Geſchwätze, wie ſie S. Paulus, der auſer Zweifel in ſeinem Streit von
der Auferſtehung dieſelbe zu Athen auch angetroffen, rechtmäſſig nennet. Laſſet uns nicht
mehr auf dieſen Zauber-Topf, ſondern auf den
in denen Elementen herrſchenden Geiſt ſchauen,
denn ſolcher bringet, wenn er ſich durch die nachfolgende Verwäſ- und Gebährung herum dre-
het, thätliche Würkungen, der in dem Ariſtoteles
ſteckende Geiſt des Irrthums aber, nichts als
eine Vielfältigkeit äuſerliches Wiſſens hervor.
Merket demnach, daß dieſer Stagirita von der
Natur, die ſich in Werken, jener aber in Worten endiget, weit entlegen ſey; zwar den alten
Kram, nicht aber die alten Creaturen ſchmücken
ſeine Nachfolger, derer Geheimniſſe nur in ein-
geſchränkt

geschränkten Redens - Arten verfasset sind.
Solten ihre Betrachtungen der Welt in deutli-
chen Worten vor Augen gestellet werden, würden
sie wegen des in ihnen enthaltenen schlechten und
engen Sinnes nicht vor (Welt) Weisheit erkennet werden. Ich erkenne, daß sie zwar in etlichen Stücken von der Natur handeln, sie gehen
aber nicht den rechten Weg, um selbige zu ergreif-
fen; Sie jagen ihr nach, können sie aber nicht
einhohlen.   Denn wo ist einer unter ihnen, dessen Erkäntniß so unverfälscht und ordentlich, daß
er seine Lehr-Sätze durch würkliche Verrichtungen rechtfertigen kan? Auch verfehlen sie in etlichen Dingen gar das Ziel, zanken und beissen
sich um ihre Frag-Stücke und Problemata, welche nichts mehr in der Natur gelten als des Lucianus Grillen.   Die Ursache nun ihres Irrthu-
mes ist, weil sie in nichts als auswendigen Zufäl-
len oder Eigenschaften erfahren sind, dadurch sie
nicht mehr ausrichten, als daß sie einen Leib heiß
oder kalt, feucht oder trocken benennen können.
Wofern sie aber damit auf das wesentliche Temperament zielen, werden sie in Feststellung dieser
Eigenschaften sehr betrogen, indem das Sehen
oder Fühlen die inwendige wahre Beschaffenheit
eines Dinges beurtheilen kan.   Ein Leib, der
äuserlich dem Verstand kalt vorkömmet, kan in
seinem inwendigen, da das eigentliche Temperament verborgen lieget, wohl heisser als die Sonne
selbst seyn.   Aber sie verstehen die Vorsehung
der Natur nicht, wie sie immer eine unterschie-
dene

dene widerstehende Eigenschaft in dem Umkreyß
eines jeglichen Wesens darzwischen stellet, damit
die Eigenschaften, derer sie umgebenden Leiber
mit dem Mittel-Puncte nicht eine Verrätherey
stiften, und solchergestalt eine Auflösung des Zusammengesetzten verursachen. Also füget sie ihren leidenden und erfrischenden Geist zwischen
das centralische Feuer und Schwefel; abermal
ordnet sie den Schwefel zwischen das Wasser
des himmlischen Monds, und ihren auswendigen Mercurium. O der seltsamen und wunderbaren Verknüpfung, die unbetrüglich darthut,
daß niemand, als GOtt allein, weise sey, der da
seiner Creaturen Uebereinstimmung und Wider-
willen vorher sehend, sie in eine solche befriedigen-
de Ordnung und Verträglichkeit gesetzet hat.
Ferner vergleichet sich gedachter Peripatisten
Weisheit etlicher massen der Physiognomia;
Sie wollen von unsichtbaren inwendigen Anfängen, (gestalten wie sie dieselbigen nennen) welche in dem Herzen der Materia verborgen sind, urtheilen, und gebrauchen darzu die auswendige
Schaale der Natur. Wäre es nicht ein thö-
richtes Vornehmen, wenn ein Jubilirer einen
verschlossenen Edelstein schätzen wolte, ehe er das
Kästlein, darinnen er lieget, geöfnet hat.
Derowegen solten sie ihre Hände an statt der
Einbildungen gebrauchen, und ihre Abziehungen
(Abstractiones) in Ausziehungen verwandeln.
Denn gewißlich, so lange sie auf solche Weise
an der Schaale kleben, und nicht durch die
Erfah-

Erfahrung den Kern und Mittel-Punct derer Dinge berühren, können sie nicht anders thun als wie sie schon gethan haben, und alle die Cörper nicht nach ihrem Wesen, sondern nur allein nach ihren äuserlichen Würk- und Bewegungen, welche dem gemeinen Auge offenbahr sind, beschreiben. Derowegen sollen sie betrachten, daß in der Natur ein sonderbarer sich zu der Materie fügender und alle Gebährungen würkender Geist zu finden, desgleichen auch ein innerlicher leidender Anfang, allda er unmittelbarer als in denen übrigen herrschet, durch dessen Vermittelung er mit denen gröbern Theilen Gemeinschaft pfleget. Denn in der Natur ist eine gewisse Kette oder Subordinata Complexionum propinquitas, zugeordnete Verwandschaft derer Complexionen zwischen denen sichtbaren und unsichtbaren, durch welchen die obern geistlichen Essentien herabsteigen, und der Materia beywohnen. Sehet aber zu, daß ihr mich nicht unrecht verstehet: ich rede hier nicht von dem göttlichen Geiste, sondern von einer gewissen Kunst, durch welche ein besonderer (particularis) Geist mit dem allgemeinen vereiniget, und folglich die Natur sehr wunderlich erhöhet und vermehret wird. Wohlan nun, ihr die ihr Augen im Herzen, und nicht eure Herzen in denen Augen habt, merket auf das, was geredet ist, und daß ich euch mit der Redens-Art derer alten Weisen ermahne, höret mit dem Verstand des Herzens.

(*Eug. Philal.*)   R   Es

Es ist allen denen, welche mit guten Verstande und bequemen Gefässen, denselben zu gebrauchen, begabet, sattsam offenbar, daß jegliches Wesen in der Welt einer gewissen Art der Bewegung unterwürfig sey: Die Thiere haben neben ihrem äuserlichen Fortgang, auch ihre innerlichen Lebens-Bewegungen: Die Himmel werden durch dasselbe, was die Peripatisten Motion nennen, umgedrehet, darbey ich zufälliger Weise erinnere, daß es von einem inwendigen Anfange, und nicht von denen vermeynten Intelligentien herkomme. Die Luft beweget sich auf mancherley Art; Das Meer hat seine Ebbe und Fluth; Die Gewächse haben ihr Wachsthum und Vermehrung, die nothwendig eine Verkochung (der Wurzel-Feuchtigkeit) andeuten; Letztens die Erde samt ihren Erzen und andern Schätzen ist der Veränderung, das ist, der Gebähr- und Verwesung unterworfen. Weil nun eine Materia an sich selbst ganz leidend ist, und keine Eigenschaft zur Bewegung hat, so müssen wir nothwendig schliessen, daß ein anderer innerlicher Anfang sey, der eine jegliche Art der Bewegung verursache und regiere. Es ist aber nicht gnug, solchen Anfang eine Gestalt (Formam) zu nennen, und also die Reichthümer der Natur in einen so engen und ungereimten Namen zu vergraben. Wir solten lieber das Schreiben unterlassen, oder Fleiß anwenden, nur dasjenige, was vornemlich zu des Lesers Nutzen und darneben auch zu des Urhebers Ruhm

dienet,

dienet, im Druck heraus zu geben. Gemeldeter
Anfang nun iſt die Seele der Welt, oder der allgemeine
Geiſt der Natur. Dieſe wird in der
Materia durch gewiſſe andere proportionirte Naturen
aufgehalten, und weil ſie nicht herauskommen
kan, ſo machet ſie in derſelbigen ihre bequeme
Werkzeuge. Sie bemühet ſich, ſo viel ſie kan,
ihre vorige Freyheit wieder zu bekommen, und bereitet
ſich hier eine Wohnung in dem Mittel-
Punct, da richtet ſie ihr Gefängniß hübſch ordentlich
ein, und ſproſſet gleichſam an unterſchiedlichen Gliedern heraus, damit ſie, um ihre
Eigenſchaften anzuwenden, deſto mehr Raum
habe. Aber hier müſſet ihr wahrnehmen, daß
in jeglicher Bereitung drey würkende Anfänge
ſeyn. Der erſte iſt die Seele, von der wir bereits
etwas geſprochen haben. Der andere iſt derjenige,
welcher der Geiſt der Welt genannt wird,
und das Mittel iſt, dadurch die Seele eingegoſſen
wird, und ihren Leib beweget. Der dritte iſt ein
ſonderbares ölichtes lüſtiges Waſſer: Dieſes
iſt das Menſtruum, und zugleich die Gebähr-
Mutter der Welt, darinnen alle Dinge verfertiget
und erhalten werden. Die Seele iſt ein aus
der dünn- und allerzarteſten Luft und dem aller-
einfacheſten und reineſten Licht zuſammengeſetztes Weſen, daher ſie der platoniſche Poet Virgilius, Aurai ſimplicis ignem genennet hat. Auch
ſoll es euch nicht befremden, daß ich ſage, die
Seele ſey ein zuſammengeſetztes Weſen, denn es
findet ſich keine vollkommene ſpecificirte Natur,

R 2　　　　　　die

die ganz einfach, und von aller Zuſammenſetzung
befreyet iſt, als allein des allmächtigen GOttes
Natur. Derowegen trauet dem Ariſtoteles
nicht, der euch lehret, daß die Elementa einfache
Leiber ſeyn, denn das Gegentheil iſt durch unbetrügliche Erfahrung offenbaret worden. Der
leidende Geiſt iſt ein dünnes lüftiges Weſen,
das einige unmittelbare Kleid, darein ſich die
Seele einwickelt, wenn ſie herabſteigend ſich zur
Gebährung füget. Die lebendige Grund-
Feuchtigkeit iſt von einer himmliſchen Eigenſchaft, und beziehet ſich nach ſeiner Abtheilung
und Beſchaffenheit auf die oberen ſternartigen
Waſſer. So bald nun als der leidende Geiſt
die Seele an ſich ziehet, welches geſchicht, wann
das erſte Glied an der Kette ſich beweget, (davon
ich an ſeinem Orte reden werde) ſo ziehet das
lüftige Waſſer den leidenden Geiſt augenblick-
lich an ſich, denn ſolcher iſt der erſte ſichtbare Em-
pfänger, in welchen die obern Naturen zuſammen gezogen werden. Nachdem nun die Seele
nach einer rechtmäſſigen Magia in dieſem flüſſigen
Cryſtall umgränzet und gefangen worden, ſtrah-
let das in ihr befindliche Licht durch das Waſſer,
alſo, daß es von dem Auge nunmehro kan geſehen
werden, in welchem Zuſtande es erſtlich dem
Künſtler unterworfen wird. Hier lieget ſowohl
das Geheimniß des magiſchen Denarii, als auch
ſein geheimeſter und wunderbarer Triangul verborgen, deſſen oberſte Spitze allezeit an den Horizont der Ewigkeit, ſeine Breite aber hierunten an

den

den Horizont der Zeit reichet. Die Seele beſtehet von dreyen Theilen des Lichts, und einem
Theil der Materia. Der leidende Geiſt beſitzet
zwey Theile der Materia, und zwey des Lichts,
weshalben er die mittlere Natur und Sphæra æ-
qualitatis genennet wird. Das himmliſche Waſſer hält nur einen Theil des Lichts, und drey der
Materia in ſich. Die Kette der Herabſteigung,
welche die geiſtlichen Theile angehet, wird auf
ein Gleichnis oder Symbolum derer Naturen,
laut der Anweiſung des Oſthanes ἡ Φύσις τῇ
Φύσει τέρπεται gegründet. Weil nun drey
Theile des Lichts in der Seele ſind, und zwey in
dem leidenden Geiſte, ſo ziehet der untere das
obere zu ſich, indem auch nur ein Theil in der
himmliſchen Natur, und zwey in dem mittleren
Geiſte gefunden werden. Dieſe einſame und
ſcheinende Einheit umfaſſet den andern Binarium,
um ſich damit zu ſtärken und zu mehren, eben wie
ſich ein Licht mit Licht und Flamme vereiniget,
und ſtehen alſo in einer Lebens-vollen magneti-
ſchen Ketten-artigen Ordnung. Die Kette
der Aufſteigung aber, welche die Materia angehet, wird auf nachfolgende Weiſe verrichtet.
Die himmliſche Natur iſt nicht von dem lüftigen Geiſte, nach dem Weſen, ſondern nur nach
der Beſchaffenheit und Complexion; und der
lüftige Geiſt iſt nicht von der Luft (aura) der
materialiſchen Theile der Seelen nach der Natur, ſondern nur nach dem Zuſtand unterſchieden,
alſo daß dieſe drey, die doch weſentlich nur eins

ſind,

ſind, eine vollkommene beſtändige Vereinigung
geſtatten, auch durch ein ſonderbares verſtänd-
liches Licht in den Horizont der obern Welt geführet, und allda von der Unſterblichkeit verzeh-
ret werden kan.   Aber mich dünket die Natur
beſchwere ſich über eine Gemeinmachung, indem
ich ihre Herrlichkeit zu ſchmälern auftrete, und ihr
Siegel faſt zerbrechend ſie der Welt entkleidet
darſtelle.   Derowegen muß ich mich wieder zurück rufen.   Denn es iſt ſo nothwendig etliche
Dinge zu verbergen, als nützlich es iſt etliche zu
offenbaren, jedennoch aber will ich noch von
gröſſern Sachen reden: Ob wohl die Seele nach
einem gewiſſen Sinn würket, iſt ſie doch nicht ſowohl ein weſentliches als inſtrumental Agens, indem ſie in ihren Würkungen durch ein geiſtliches, übernatürliches, einfaches, und ohn alle
Vermiſchung, von dem Vater derer Lichter herab kommendes Fünklein und Glanz geleitet
wird.   Denn obwohl ſeine volläugige Liebe nur
allein den Menſchen anſcheinet, wird dennoch ein
jegliches Geſchöpf auf gewiſſe Maaſſe gleichſam
als durch ein Gewürz in Berührung des erſten
göttlichen Verſtandes zu ſeiner Erhaltung befe-
ſtiget, welches theils durch die Wohnung und
Thron GOttes bekräftiget wird, weil er über
allen Creaturen ſitzet, ſie, daß ich ſo rede, gleichſam wie eine Henne ihre Küchlein führet, und ſie
mit lebendigen, ewigen, und täglich und ſtündlich
von ihm ausflieſſenden Kräften erquicket und
unterhält.   Daher wird er von den Cabaliſten
Cether

Cether genennet, welches artlich mit der von dem
Parmenides über alle sichtbare Himmels-Cirkel
gesetzeten feurigen Crone übereinstimmet. Diesen Ausfluß derer unmaterialischen Kräfte hat
Christus, in dem die Fülle der Gottheit leibhaf-
tig wohnete, selbst bekräftiget, und im Fleische
erkannt.   Denn als die Kranken seine Kleider
anrühreten, ob schon ein grosses Gedränge war,
fragte er dennoch mit Beyfügung der Ursache,
wer es gewesen, und sprach: Ich fühle, daß eine
Kraft von mir ausgegangen! Aber lasset uns
dergleichen Proben, wiewohl die Schrift dererselben voll ist, an die Seite legend, die Uebungen
und Werke der Natur hierunter erwegen, so
werden wir ihr Spiel finden, das sie ohne dem an-
gezeigten Schutz-Herrn unmöglich ausführen
kan.   Demnach frage ich erstlich, wer hat der
Spinne ihre Meß-Kunst gelehret? wie kömmet
sie in dem Mittel-Punct ihres Gewebes zu sitzen,
damit sie auf erforderte Nothwendigkeit in alle
Gegenden des Umkreises ausfallen könne? wo-
her entstehet ihre solches vorher überlegende Betrachtung? denn wenn sie es nicht vorher wüste,
und sich, daß Fliegen wären, davon sie sich nähren solte, nicht einbildete, würde sie nicht auf sie
lauren, oder ihr Netz in einer so zierlichen Einthei-
lung ausspannen.   Gewißlich wir müssen bekennen, daß derselbe, so ihr die Fliegen zum Un-
terhalt verordnet, ihr auch um solche zu erlangen,
einen kleinen Verstand gegeben hat.   Saget
mir, so fern ihr könnet, wer hat den Haasen im

Jagen

Jagen zurück zu laufen gelehret, dadurch er ſeine
Spur verdoppelnd und den Geruch derſelbigen
verderbend die Hunde irre machet, und alſo denen Verfolgern entkommet? Wer giebet ihm
den Rath mit denen Beinen zu grätein und
Creutz-Sprünge zu machen, damit ihre Trap-
pen deſto weiter von einander ſtehen, und folglich
ſo viel ſchwerer ausgefunden werden mögen.
Gewißlich iſt dieſes eine wohlgeordnete und ſatt-
ſam beweiſende Policey, daß GOtt von ſeinen
Creaturen nicht entfernet, ſondern daß die Weisheit von einem Ende des Himmels bis zum andern reiche, und ſein unvergänglicher Geiſt alle
Dinge erfülle. Damit ich aber unſerm Vorhaben etwas näher komme, ſo laſſet uns die unterſchiedlichen Werke in der Natur und ihre Symmetrie, ſamt denen wunderbaren Geſtalten derſelben betrachten. Wir wiſſen gar wohl, daß
nur eine Materia ſey, aus welcher ſo mancherley
Geſchöpfe bereitet worden. So nun das würkende, das der Materia ihr Ziel ſetzet, und ſie bildet, nicht ein unterſchiedener Geiſt wäre, könnte
er nicht das Geringſte hervorbringen. Denn ich
ſetze im Fall, wenn ein Mahler eine Roſe abmah-
len wolte, und er ſich ihre Geſtalt und Gröſſe,
nach welcher er ſie zu entwerfen gedenket, inwendig nicht vorſtellen will, kan er es ſo wohl ohne
ſeine Augen, als ohne ſeinen Verſtand verrichten? Nun ziehet dieſes auf den in der Natur
würkenden Geiſt, ſelbiger beweget ſich in dem
Mittel-Punct aller Dinge und hat die Materia,
wie

wie ein Töpfer seinen Thon, oder ein Mahler
seine Farben, vor sich, da er zu allererst seine Chymie durch unterschiedliche Verwandlungen aus-
übet, und Nerven, Adern, Blut, Fleisch, und
Beine hervorbringet, welche Verrichtung auch
seine Rechen-Kunst anweiset, indem er alle Ge-
lenke und Haupt-Theile, ja wie Christus saget,
auch die Haare unsers Haupts, die zur Bewegung, Schönheit und Decke des Leibes von nö-
then sind, nach einer gewissen Zahl verfertiget.
Desgleichen beweiset er sich auch in denen inwendigen Lineamenten oder Gleichförmigkeit des
zusammengesetzten, einem jeglichen Gliede sein
gewisses Maaß verordnend, als ein geschickter
Meß-Künstler, welche sämtliche Verrichtungen
von nichts anders als einem verständigen, göttlichen Geiste herrühren können. Denn so ferne
er nicht unterschiedliche inwendige Gestalten und
Conceptiones, die mit seinem Vorhaben überein-
stimmeten, in sich beschlossen hielte, könnte er
nicht eins von dem andern unterscheiden, vielweniger würde er auch, wenn er keine Sinnen hätte,
und das vorgenommene Werk vorher wüste, der
Endzweck, oder wie es die Peripatisten haben
wollen, die antreibende Ursach seyn.

Die Betrachtung nun solcher unterschiedlichen Aemter dieses Geistes, so er in der Gebährung verwaltet, bewegete selbst den Aristoteles zu-
zulassen, daß in denen Saamen aller Dinge virtutes similes artificiis, denen Künsten sich vergleichende Kräfte enthalten wären. Demnach sol-

R 5   ten

ten wir erforſchen, wer die Blumen der Gewächſe
als mit güldenen Fäden durchwebet, wer ſie ohne
einem Pinſel mit Farben zieret, und derer Sten-
gel aufwärts, die Wurzel aber in Geſtalt vieler
Fäden unterwärts treibet? Weil ſolches alles
auf eine ſonderbare Kunſt, die ohne Betrachtung
und Unterſcheid nicht ſeyn kan, abzielet.   Unſer
Heyland ſaget uns: Mein Vater würket bisher; und an einem andern Orte, GOtt iſt es, der
die Lilien des Feldes kleidet: und abermal, nicht
ein Sperling fället ohne eures Vaters Willen
auf die Erde.   Dieſes iſt, ungeachtet aller Frag-
Stücke des Ariſtoteles, eine gewiſſe Wahrheit,
und das eigene Zeugnis deſſelbigen.   Ihr dür-
fet aber nicht meynen, daß der göttliche Geiſt, indem er alle Geburten regieret, unter welchen etliche gering und verächtlich anzuſehen, deswegen
verunehret werde, denn ſo lange dieſelben zu der
Herrlichkeit ihres Urhebers leiten, ſind ſie edel
genung, und wenn ihr nur in Egyptenland zurück
ſehet, werdet ihr befinden, daß auch die Böſeſten
ſeiner Creaturen allda von denen Zauberern eine
gemeine Bekäntnis, nemlich, das iſt GOttes
Finger, heraus preſſen.   Sind alſo die in dem
Mittel-Puncte ſitzende Künſtler von dem erſten
Lichte in jenem anfänglichen Ausfluſſe, oder es
werde Licht, (welches eigentlich es ſey Licht heiſ-
ſen ſolte) beſämete Lichter.   Denn die Natur iſt
Φωνὴ τῦ Θεῦ, die Stimme GOttes, nicht ein
bloſſer Schall oder Gebot, ſondern ein weſentli-
cher, würkender, von dem Schöpfer ausgehen-
der,

der, und alles durchdringender Odem, GOtt
ſelbſt, λόγ Θ σπερματικός, ein ſaamliches Wort,
nach welchem einigen Sinn, eine Geſtalt (forma)
λόγ Θ τῆς ἐσίας, ein Wort des Weſens benen-
net werden kan.   Ich weiß wohl, daß dieſes etlichen, derer unverſtändiger Eifer ſie zu Feinden
GOttes gemacht, unſchmackhaftig vorkommen
wird, indem ſie ihm ſeine Ehre rauben, und entweder denen Creaturen, oder gar ihren ſelbſt eigenen Einbildungen beylegen.   Ich gebe aber ſolchen Welt-Weiſen zu bedenken, ob im Anfang
einig Leben oder Weisheit auſſer dem Schöpfer
geweſen, und wenn dem alſo, belieben ſie zu melden, Wo? gewißlich, mit ihren Worten zu reden, werden ſie dieſes Wo nirgends antreffen:
Denn ſie ſind Gnaden-reiche Gaben und Pfun-
de, welche GOtt nach ſeinem freyen Willen uns
geliehen hat, und wenn er ſie wieder nähme, würden wir alſobald wiederum zu nichts werden.
Mögen ſie ſich demnach vorſehen, daß nicht, indem ſie die Gebührung denen Eigenſchaften der
Natur zuſchreiben, der wahre Urheber derſelben
mit jener Beſtrafung, die er vor Zeiten bey denen Aſſyrern gebrauchte, wider ſie auftrete.
Soll die Axt gegen den, der damit hauet, ſich rüh-
men? Oder ſoll die Säge wider den, der ſie ziehet, ſich erheben? Eben als wenn ein Stab gegen den, der ihn angreiffet, ſich wegern wolte, oder
als wenn ein Stab kein Holz ſeyn, und ſich ſelbſt
aufrichten wolte.   Derohalben wäre es viel beſſer, dem Ariſtoteles und ſeinen Irrthümern, mit
welchen

welchen er ſo viel Geſchlechte bethöret, Abſchied
zu geben, und mit feſter Zuverſicht zu dem all=
mächtigen GOtt, der die Welt gemacht, nahen,
weil Niemand von dem Gebäude eine beſſere
Nachricht als der Baumeiſter geben kan. Sie
dürfen nicht zweifeln, in ſolche Gemeinſchaft
mit ihm zu kommen, denn er iſt ein GOtt, der da
verlanget erkennet zu werden, und der ſich bey=
des zur Entdeckung ſeiner eigenen Ehre, und
ſeiner Creaturen Erſprieslichkeit gerne offen=
baren will.

Iſt alſo keine Urſach von dieſem hohen und
glorwürdigen Schulmeiſter abzuweichen, deſſen
unverdientes Zuruffen uns folgender maſſen auf=
muntert: So ſpricht der HErr, der Heilige in
Iſrael, und unſer Schöpfer: Fraget mich von
Sachen, die meine Söhne angehen, und erſuchet
mich wegen des Werks meiner Hände: ich
habe die Erde gemacht, und den Menſchen dar=
auf geſchaffen. Ich bins, des Hände den Himmel
ausgebreitet haben, und habe allen ſeinen Heeren
geboten. Jeſaia 45. v. 11.   Aber vielleich t wird
gefraget werden, wie ſollen wir zu dem HErrn
nahen, und durch was vor Mittel ſollen wir ihn
finden? gewißlich nicht mit Worten, ſondern
mit Werken, nicht in Durchleſung heydniſcher
Bücher; ſondern Erforſchung derer Creaturen.
Denn in ihnen lieget ſein geheimes Pfad, durch
welches, ob es ſchon mit Dornen und Hecken
äuſſerlicher Verweßlichkeit bedecket iſt, ſo ferne
man ſie nur hinweg räumen wolte, wie in das
irrdi=

irrdiſche Paradies, und jenen verſchloſſenen
Garten Salomonis, da GOtt zu wandeln herunter kommt, eingehen, und aus dem verſiegelten Brunnen trinken würden.

Es findet ſich aber ein ſolch allgemein Vorurtheil und gewöhnliches Widerſetzen gegen alle
diejenigen Anfänge, ſo dem Ariſtoteles widerſprechen, daß der Wahrheit, ſo bald ſie nur ſich
blicken läſſet, von etlichen Betrügern alſobald
Koth in das Angeſicht geworfen wird.

Zu verwundern iſt es, daß nicht einer dieſer
Schul-Gelehrten bedenket, wie die vielen von
der Logica zu der Theologia gefügten Unterſcheid-
und Zertheilungen die gantze Chriſtenheit uneinig
gemachet, wie ſie den Frieden ſo vieler blühenden
Königreiche verletzet, und mehr Secten in der
Religion als Meynungen in der Philoſophie verurſachet haben: ſchicket ſich alſo die gar chriſtliche Bitte des Auguſtinus ſehr wohl hieher: à Logica libera nos Domine! von der Logic befreye
uns lieber HErr! Hier will ich aber den Leſer
mich nicht unrecht zu verſtehen erſuchen: ich verwerfe nicht den Gebrauch, ſondern den Mißbrauch der Vernunft, ſamt der aus ihr geſchöpfſeten, hinterliſtigen Spitzfindigkeit, welche man
dazu angewendet hat, daß Wahrheit und Lügen
auf gleiche Weiſe ſtreitig gemachet werden. Ich
bin einer, der wegen der wahren Erkänntniß der
Natur, ſo, wie dieſelbe auf JEſum Chriſtum,
welcher der eigentliche Grund aller ſichtbaren
und unſichtbaren Dinge iſt, geſetzet ſtehet, hervor
tritt.

tritt. Derowegen will ich in folgender Rede
dieſelben Geheimniſſe, ſo nur wenige in dunkeln
Rätzeln denen Nachkommen, überlaſſen haben,
ganz nahe berühren, daß, ſo es möglich, die Ma-
jeſtät der Wahrheit, und der von ſelbiger ab-
flieſſende Nutzen, die Menſchen auf einen neuen
Weg leiten, und endlich von vergänglichen leeren
Einbildungen, zum beſtändigen empfindlichen
Genuß derer natürlichen Wunder bringen
möge.

Ihr werdet euch erinnern, wie ich in meiner
vorigen Rede von der Natur des Menſchen, einer
gewiſſen Dreyheit derer Elementen nach ihren be-
ſondern Eigenſchaften in unterſchiedlichen Theilen der Welt, gedacht habe. Jetzt aber werde ich
von einer andern weit dunkelern und geheimern
Dreyheit, ohne deren Erkäntniß ihr zu der erſten,
weil dieſe drey Anfänge der Schlüſſel der ganzen
Magia ſind, nicht gelangen, noch einiges Jota in
der Natur verſtehen könnet, etwas reden. Der
erſte Anfang iſt eins in einem, und eins von einem, eine reine weiſe Jungfrau, und demjenigen,
was höchſt rein und einfach, am näheſten. Dieſer iſt die erſte geſchaffene Einheit, durch welche
alle Dinge nicht würkender, ſondern mittelbarer
Weiſe geſchaffen wurden, und ohne ſolche kan
weder etwas künſtliches noch natürliches zuwege
gebracht werden. Sie iſt ein Werkzeug GOttes, und ein Weib derer Sternen, durch derer
Hülfe eine Abſteigung von einem in viere, und
eine Aufſteiguug von dreyen durch viere zu der
über-

übernatürlichen unſichtbaren Einheit, (monas) geſchiehet.   Wer dieſes nicht weiß, wird nimmermehr die Kunſt überkommen, denn er verſtehet nicht, worauf man ſehen muß.   Der zweyte Anfang iſt von dem erſten nicht nach dem Weſen und Würde, ſondern nach der Beſchaffenheit und Ordnung unterſchieden, dieſer zweyte war der erſte, iſt es auch noch weſentlich, durch Anklebung aber an der Materia, iſt er, eine Unreinigkeit an ſich ziehend, von ſeiner erſten Einheit abgewichen, daher ihn die Weiſen Binarium oder ein Zweyfaches nennen.   Scheidet derowegen den Umkreiß (per lineam diametralem) durch eine die Mitte durchſchneidende Linie von dem Mittel-Punct, ſo wird euch der Weiſen Ternarius, der der dritte Anfang iſt, zu Geſichte kommen; welcher dritter Anfang eigentlich kein Anfang, ſondern ein durch Kunſt hervorgebrachtes Weſen iſt.   Er iſt von mancherley Natur, nach einem Sinn iſt er eine zuſammen geſetzte, und in einem andern Verſtande eine doppelt zuſammen geſetzte, von denen untern und obern Kräften beſtehende Materia.   Dieſe iſt das Feuer der Weiſen, ihr Mercurius, die berühmte kleine Welt, und der magiſche Irrgarten, darinne ein groſſer Hauffen gelehrter Männer ſich vergangen haben, indem jenes von denenſelbigen, ſo es erkannt haben, dermaſſen verwirret und dunkel abgehandelt worden, daß es ganz und gar unmöglich iſt, ſolches aus ihren Beſchreibungen zu faſſen: Auch findet ſich unter denen letzten Urhebern keiner

ner, der weder die völlige Bereit- und Allgemein-
heit dieses Anfanges, noch den eigentlichen meta-
physicalischen Gebrauch desselben verstehet. Hierunten zeiget es sich in Schatten, und als mit einen
sehr subtilen Gewebe umhüllet; droben aber in
weisen himmlischen Kleidern, desgleichen findet
man in der Natur kein so gar gemachtes Wesen,
denn es gehet durch alle Hände, und ist keine Creatur, die solches nicht gebrauche. Dieser Ternarius, nachdem er durch den Quaternarius zurück
gebracht worden, steiget zu der magischen Decas,
welche die allereinfacheste Mouas ist, auf, in welchem Stande sie alles, was sie will, verrichten
kan, weil sie durch das Anschauen mit der ersten,
ewigen und geistlichen Einheit vereiniget wird.
Aber lasset uns den berühmten Magus Agrippa
von diesen dreyen selbst hören. Quatuor itaque
quæ diximus, sunt Elementa, sine quorum noti-
tia perfecta, nullum in Magia producere possumus
effectum. Sunt autem singula triplicia, ut sic
Quaternarius compleat Duodenarium; & per Septenarium in Denarium progrediens ad Supremam,
Unitatem, unde omnis virtus, & mirabilis opera-
tio dependet, fiat progressus. Primo igitur ordine Elementa pura sunt, quæ nec componuntur,
nec mutantur, nec patiuntur commixtionem, sed
incorruptibilia sunt. & non a quibus, sed per quæ
omnium Naturalium rerum virtutes producun-
tur in effectum. Virtutes illorum a nullo explicari
possunt; quia in omnia possunt omnia. Hæc qui
ignorat, ad nullam mirabilium effectuum operationem

tionem pertingere poteſt. Secundi ordinis Elementa compoſita ſunt, multiplicia & varia, & impura, reducibilia tamen per artem ad puram ſimplicitatem, quibus tunc ad ſuam ſimplicitatem reverſis, virtus eſt ſuper omnia complementum dans omnium operationum occultarum & operationum naturæ: hæc ſunt fundamentum totius Magiæ naturalis.

Tertii ordinis Elementa, ſed decompoſita varia, multiplicia, & inter ſe invicem permutabilia: ipſa ſunt infallibile medium, ideoque vocantur media Natura, ſive Anima mediæ naturæ: paucissimi ſunt, qui illorum profunda Myſteria intelligunt. In ipſis per certos numeros, gradus & ordines eſt conſummatio omnis effectus in quacunque re naturali, cœleſti, & ſupercœleſti, miranda ſunt, & plena myſteriis, quæ operari poſſunt in Magia tam Naturali, quam Divina: per ipſa enim omnium rerum ligationes, etiam ſolutiones & tranſmutationes, & futurorum cognitio & prædictio, etiam malorum Dæmonum exterminatio, & bonorum Spirituum conciliatio ab illis deſcendit. Sine his igitur triplicibus Elementis, eorumque cognitione nemo confidat ſe in occultis Magicis & naturæ ſcientiis quicquam poſſe operari. Quicunque autem hæc in illa impura in pura, multiplicia in ſimplicia reducere noverit, eorundemque Naturam, virtutem, poteſtatem in numero, gradibus & ordine ſine diviſione ſubſtantiæ diſcernere ſciverit; is facile obtinebit omnium naturalium rerum & cœleſtium ſecretorum ſcientiam & operationem, perfectam.

(Eug. Philal.)　　　　　　　Ⓢ　　　　D. I.

d. i. Sind alſo, wie wir geſaget haben, vier Elementa, ohne derer vollkommenen Erkäntniß in
Magia nichts ausgerichtet werden kan. Es iſt
aber ein jegliches dererſelben dreyfach, damit ſolcher Geſtalt der Quaternarius den Duodenarius
vollende, und er durch den Septenarius zum Denarius fortgehend zu der höchſten Einheit, von welcher alle Kraft und wunderbare Würkung ab-
hänget, kommen möge. Nach der erſten Ordnung nun ſind die Elementa rein, und werden weder zuſammen geſetzet, noch verändert, leiden auch
keine Vermiſchung, ſondern ſind unverweßlich,
nicht ſolche, von welchen, ſondern durch welche
aller natürlichen Dinge Kräfte zum Effect und
Würkung gebracht werden. Ihre Kräfte und
Tugenden können von niemand gnugſam ausge-
ſpühret und erforſchet werden, weiln ſie alles in
allem verrichten. Wer ſolche nicht weiß, wird
zu keiner Ausübung wunderbarer Würkungen
jemahls gelangen. Nach der zweyten Ordnung
ſind die Elementa unrein, viel und mannigfaltig,
werden aber durch die Kunſt in eine reine Einfalt
zurück geführet, welche, nachdem ſie darzu gebracht worden, von ſolcher Kraft ſind, daß ſie
über alles gehen, und allen verborgenen und offenbaren Würkungen der Natur die Vollkommenheit geben. Die Elementa der dritten Ordnung ſind an ſich ſelbſt keine Elementa, ſondern
viel und mannigfaltige, auch unter ſich ſelbſt ver-
änderliche Decompoſita: Sie ſind das unbetrügliche Mittel, daher ſie die Mittel-Natur, oder die
Seele

Seele der mittlern Natur genennet werden:
Sehr wenig ſind, welche ihre tief verborgenen
Geheimniſſe verſtehen. In ihnen beſtehet durch
gewiſſe Zahlen, Grad und Ordnungen die Vollendung alles Effects und Würkung: in einem
jeden natürlichen, himmliſchen und überhimmli-
ſchen Dinge ſind ſie wunderſam und voller Geheimniſſe, welche ſo wohl in natürlicher als gött-
licher Magia würken können. Denn durch dieſelbigen werden alle Dinge gebunden und gelöſet,
von ihnen ſtammet die Erkäntniß und Vorher-
Verkündigung zukünftiger Dinge, durch ſie werden die böſen Geiſter weggetrieben, und die guten
machet man ſich dadurch zu Freunden. Ohne gemeldete dreyfache Elementa und dererſelben Erkäntniß getraue ſich nur niemand in der verborgenen Magia und natürlichen Wiſſenſchaften etwas auszurichten. Wer aber dieſe in jene, die
unreinen in reine, die vielfältigen in einfache zurück zu bringen, und ihre Natur, Kraft, Gewalt,
in Zahlen, Grad und Ordnungen, ohne Zerthei-
lung ihres Weſens zu entſcheiden weiß; derſelbe
wird gar leichtlich aller natürlichen und himmliſchen verborgenen Dinge vollkommene Erkäntniß erlangen. Dieſes iſt der mit dem ſchwarzen
Hunde, (beſiehe die Vorrede) oder beſſer der, ſo
jederzeit bey herannahenden Jahren ein ſinnrei-
cher und unerſchrockener Natur-Forſcher derer
wunderbaren Würkungen und geheimen Verrichtungen der Natur geweſen. Nun höret auch
den dunkelen Schüler (Johannes Trithemius) des

S 2   noch

noch dunkleren Libanius Gallus, zu euren fernern
Unterricht an. Primum principium in uno confi-
ſtit, non a quo, ſed per quod omnis mirandorum
naturalium virtus producitur in effectum : per
quod, diximus, quia purum ab uno procedens,
non componitur, neque mutatur. Ad ipſum a
Ternario ad Quaternarium fit ad Monadem pro-
greſſus, ut compleatur Denarius : per ipſum enim
eſt numeri regreſſus ad unum, ſimul deſcenſus in
quatuor, & aſcenſus in Monadem. Impoſſibile eſt
compleri Denarium, niſi per ipſum : Monas in
Triade læta convertitur. Omnes hoc principium
poſt principium Monadis ignorantes, nil in Ternario proficiunt, nec ad ſacrum Quaternarium
pertingunt. Nam etſi Sapientum libros omnes ha-
beant, ſyderum curſus, virtutes, poteſtates, operationes & proprietates perfecte cognoſcant, ipſo-
rumque imagines, annulos, ſigilla & ſecretiſſima
quæque ad plenum intelligant, nullum tamen mirandorum conſequi poſſent in ſuis operationibus
effectum, ſine hujus principii a principio cognitione, in principium ; unde omnes quotquot vidi
in Magia naturali operantes, aut nihil conſecuti
ſunt, aut ad vana, frivola & ſuperſtitioſa, poſt lon-
gas & inutiles operationes deſperatione prolapſi
ſunt. Principium vero ſecundum ordine non di-
gnitate quidem a primo ſeparatum, quod unum
exiſtens facit Ternarium, eſt, quod operatur miranda per Binarium. In uno enim eſt unum, &
non eſt unum, eſt ſimplex, & in Quaternario componitur : Quo purificato per ignem, in ſole Aqua
apura

pura egreditur, & in ipſum ad ſuam ſimplicitatem
reverſum, Complementum operanti monſtrabit
occultorum. Hic centrum eſt totius Magiæ Naturalis, cuius circumferentia ſibi unita circulum
repræſentat immenſus ordo in jnfinitum : Virtus
eius ſuper Omnia purificata, & ſimplex minor
Omnibus, Quaternario ſuper gradu compoſita,
Quaternarius autem Pythagoricus numerus Ternario ſuffultus, ſi ordinem gradumque obſervat,
purificatus, puruſque in uno, ad Binarium in Ternario miranda & occulta naturæ operari poteſt.

Hic eſt Quaternarius, in cuius menſura Ternarius Binario coniunctus in uno cuncta facit, quæ
mirabiliter facit. Ternarius ad unitatem redu-
ctus, per aſpectum omnia in ſe continet, & quæ
vult, poteſt. Principium tertium per ſe non eſt
principium, ſed inter ipſum & Binarium eſt finis
omnis ſcientiæ & artis myſticæ, ac infallibile Me-
dii Centrum : in alio quam in ipſo facilius non er-
ratur, quoniam pauciſſimi vivunt in terris, qui
profunda eius intelligant : Varium eſt Compoſitum, & per Septenarium in Ternarium octies
multiplicatum conſurgens, & manens fixum. In
ipſo eſt conſummatio Numeri, graduum & ordinis : per hoc omnes Philoſophi, occultorum naturæ veri Inquiſitores, mirabiles effectus conſecuti ſunt ; per ipſum ad ſimplex Elementum in
Ternario reductum ſubito fiunt infirmitatum cu-
ræ miraculoſæ, & naturaliter omnium ægritudi-
num : Opuſque in Magia naturali & præternatu-
rali conſequitur effectum per diſpoſitionem Qua-

S 3 terna-

ternarii. Prædictio futurorum per ipsum veri-
ficatur, occultorumque infinuatio non aliunde
quam per ipfum a Natura percipitur. Hoc uni-
co medio secretum Naturæ aperitur Alchimiſtis,
ſine quo nec intellectus artis aſſequitur, nec ope-
ratioris effectus invenitur. Errant, crede mihi,
errant omnes, qui ſine iſtis tribus principiis quicquam operari in occultis naturæ ſcientiis ſe poſſe
confidunt.

Das iſt: Der erſte Anfang beſtehet in einem
einigen, nicht von dem, ſondern durch welches alle
Kraft natürlicher Wunder zur Würkung gebracht wird: durch welches, haben wir geſagt,
weil das von einem einigen hervorgehende reine
weder zuſammen geſetzet, noch verändert wird.
Zu demſelbigen ſchreitet man von dem Ternarius
und Quaternarius zu der Monas fort, damit der
Denarius erfüllet werde: denn durch ſelbigen geſchiehet ein Rückgang der Zahl zu der Monas, und
zugleich eine Niederſteigung in den Quaternarius,
und Aufſteigung in die Monas. Unmöglich iſt es
ohne dieſelbe den Denarius zu erreichen; Die Monas wird in der frölichen Trias umgekehret. Alle,
die dieſen Anfang nach dem Anfange der Monas
nicht wiſſen, richten in dem Ternarius nichts aus,
kommen auch nicht zu dem heiligen Quaternarius.
Denn ob ſie gleich aller Weiſen Bücher haben,
und derer Sternen Lauf, Kräfte, Vermögen,
Würkungen und Eigenſchaften völlig erkennen,
auch dererſelben Bilder, Ringe, Siegel, und die
geheimeſten Geheimniſſe gänzlich verſtehen, können

nen sie doch ohne Erkäntnis dieses Anfanges von
dem Anfang, in den Anfang, in ihren Arbeiten
keine Würkung der Wunder damit erlangen:
Daher alle, so viel ich ihrer in der natürlichen
Magia habe arbeiten sehen, entweder nichts erja-
get, oder nach langen und unnützlichen Arbeiten
aus Verzweiflung auf eitele geringschätzige und
abergläubische Dinge verfallen sind.   Der andere Anfang aber, ist zwar der Ordnung, nicht
aber der Würde nach, von dem ersten unterschieden, welcher eins seyend, den Ternarius hervorbringet, und der da durch den Binarius Wunder
thut.   Denn in einem ist er eines, und nicht eines; er ist einfach, und wird in dem Quaternarius
zusammen gesetzet. Nachdem nun solcher durch
das Feuer in der Sonne gereiniget, so kömmt ein
reines Wasser heraus, und wann es gleichfalls
zu seiner Einfalt wieder gelanget ist, wird es dem
Arbeiter die Vollendung verborgener Dinge zeigen.   Dieser ist der ganzen Magia Mittel-Punct,
dessen mit ihm vereinigter Umkreyß als eine un-
ermäßliche Ordnung, einen unendlichen Zirkel
vorstellet.   Seine Tugend gehet über alle gerei-
nigte Dinge, es ist einfach, und geringer als alles,
doch über den Grad des Quaternarius zusammen
gesetzet. Der mit dem Ternarius unterstützte py-
thagorische Quaternarius, wann er die Ordnung
und Stuffen in acht nimmt, indem er aufs höch-
ste gereiniget aus der Monas zu dem Binarius in
den Ternarius gelanget, kan er die verborgenen
und wunderbaren Werke der Natur verrichten.

Diß

Diß ist der Quaternarius, in deſſen Menſur der mit dem Binarius verbundene Ternarius in einem alles, was er thut, ganz wunderſam verrichtet. Der in die Einheit zurück gebrachte Ternarius enthält durch das Anſchauen alles in ſich, und vermag alles, was er will. Der dritte Anfang iſt vor ſich kein Anfang, ſondern zwiſchen ihm und dem Binarius iſt das Ende aller Wiſſenſchaft und geheimen Kunſt, und der unbetrügliche Mittel-Punct des Mittels: in einem andern wird nicht ſo leichtlich, als in ihm geirret, aber die wenigſten auf Erden verſtehen ſeine Tieffe. Es iſt ein mannigfaltiges Compoſitum, das da durch den Septenarius in den Ternarius achtmahl vermehret aufſteiget, und Feuer-beſtändig bleibet. In ihm iſt die Vollendung der Zahl, derer Stuffen und der Ordnung: Durch ihn haben alle Weiſen und wahre Nachfolger natürlicher Verborgenheiten wunderbarer Werke überkommen: Durch ihn, wann er zu einem einfachen Element in den Ternarius gebracht worden, geſchehen alſobald wunderwürdige Heilungen der Schwachheiten, und natürlicher Weiſe aller Krankheiten; und das Werk eines in der natürlichen und übernatürlichen Magia Arbeitenden, erlanget durch die Einrichtung des Quaternarius ſeinen Nachdruck. Derer zukünftigen Dinge Verkündigung wird durch ihn wahr gemacht, auch der verborgenen Dinge Eingebung ſtammet in der Natur von nichts anders, als von ihm. Durch dieſes einige Mittel wird denen Alchimiſten das Natur-Ge-

heim-

heimniß eröfnet, ohne welches weder das Erkäntniß der Kunst erlanget, noch ihre würkende
Kraft gefunden wird; Alle, gläube mir, irren,
welche ohne diese drey Anfänge in denen geheimen Wissenschaften der Natur etwas zu arbeiten vermessen sind. So weit Trithemius: Da
ich dich, damit du ihn desto besser verstehest, an-
bey unterrichte, daß ein zweyfacher Binarius,
nehmlich des Lichts, und der Verwirrung (Finsterniß) sey, halte dich aber an des Agrippa
Buch, de Scalis Numerorum, so wirst du es alles
begreiffen, denn unser Abt borgete die Sprache
von ihm, und hatte jenes Bücher, ehe er sie unter
seinem Nahmen heraus gab.

So gehe demnach um deiner fernern Anweisung willen, mit mir nicht nach Athen oder Sta-
gyra, sondern zu des Allmächtigen GOttes Secretarius, welcher in des Felsen Kluft stund, als
er alle seine Güte vor ihm vorbey gehen ließ.
Hier wird sich die Welt verwundern, daß ich zur
Befestigung der Physiologie die Schrift gebrauche. Sie mag aber wissen, daß alle geistliche und natürliche Geheimnisse, alle verborgene
Verknüpfungen, samt dem geheimen Kuß
GOttes und der Natur, ganz klar und deutlich
in ihr entdecket werden. Betrachte das barm-
herzigkeitvolle Geheimniß der Menschwerdung, darein sich die Völle der Gottheit einge-
leibet, und sich das göttliche Licht in einem weit
grösseren Maasse als in der ersten Schöpfung
mit der Materia vereiniget hat. Betrachte es,

sag

ſag ich, ſo wirſt du befinden, daß keine Philoſophie GOtt vollkömmlich mit ſeiner Creatur vereiniget hat, als die Chriſtliche; daher iſt ſie auch
die einige wahre Weisheit und die einige wahre
Religion, weil ohne dieſe Vereinigung weder ein
natürliches zeitliches, noch geiſtliches ewiges Leben ſeyn kan. Moſes berichtet uns, daß GOtt
im Anfang Himmel und Erde, das iſt, den jung-
fräulichen Mercurius und Sulphur geſchaffen
habe. Ich warne euch aber, daß ihr mit Erforſchung dieſes Mercurius, daferne ihr nicht einen
treuen Freund zum Anweiſer, oder eine aus-
drückliche Erleuchtung von dem erſten Urheber
deſſelben habet, euch nicht plaget, denn es iſt ein
Weſen, das durch wunderbare Kunſt erlanget
wird, derowegen merket, was ich nun ſagen
werde. Es findet ſich beydes in ſeglichem Stern,
und in dieſer elementariſchen Welt ein gewiſſer
Anfang, welcher das Weib der Sonnen iſt.
Dieſe zwey laſſen in ihrer Vermiſchung einen
Saamen von ſich, welcher in den Bauch der
Natur gebracht wird, deſſen Auswurf aber un-
ſichtbar, und in einem geheimen Stillſchweigen
verrichtet wird. Denn das iſt das Geheimnis,
da ſich Himmel und Erde wie Mann und Weib
zuſammen vereiniget, und ihre verborgene Ge-
bährungs-Art, die ſowohl zwiſchen denen beyden allgemeinen Naturen, als jenen vernünftigen im verborgenen geſchiehet. Wiſſet demnach, daß es euch ohne dieſen weiblichen Anfang,
der das Weib der Sonnen iſt, einen Saamen
von

von derselben auszuziehen oder zu empfangen, unmöglich seyn wird.

Wohlan nun ihr kleinen Sophisten des Steines, die ihr eure Zeit, und Geld zur Bereitung allerley Wasser, Oele und Todten-Köpfe anwendet, und von etlicher alten und neuen Proceß-Krämer Schriften betrogen seyd, mit Gold und Queck-Silber arbeitet, erweget doch das letzte Ende solcher Leute. Erlangen sie etwas anders als verlähmte Glieder und Armuth, sind sie nicht in ihrem Alter zu falschen Münzern worden, und deswegen unter die verdiente Strafe gerathen? Derowegen merket vor gewiß, daß derer Weisen Sonne und Mond zwey allgemeine hohe Personen, und ein in immerwährender Jugend herrschender König und Königin sind, welche beyde der ganzen Welt zugefüget, und durch ihr ganzes Gebäude ausgedehnet, gefunden werden. Das eine ist nicht ohne das andere, weil sie GOtt in dem Werk seiner Schöpfung mit einer unzertrennlichen Vereinigung verknüpfet hat, von einander zu scheiden, denn sie wohnen in einem Hause, und wer des einen gewahr wird, muß nothwendig das andere auch sehen. Die Liebe zwischen diesen beyden ist so groß, daß, wenn ihr mit dieser Jungfrau umgehet, sie ihr Kind, nachdem es von ihr in feurigen Flügeln aufgestiegen war, wieder zurück hohlen wird. Desgleichen nehmet ferner in acht, daß materialische Anfänge nur materialisch, das ist, durch Zusetzung derer Theile, ver-

vermehret werden können, wie ihr ſolches an der
Vervielſältigung derer Leiber, die durch den
Genuß der Speiſe verrichtet wird, ſehet: Es iſt
aber nicht der Leib, der die Nahrung in Fleiſch
und Blut verwandelt, ſondern der Geiſt, der das
Leben und Licht des Leibes iſt. Betaſtliche Anfänge ſind nur leidend, und können weder verän-
dern noch reinigen, wohl aber verändert und gereiniget werden, mögen ſich auch andern Dingen über ihre Ausdehnung, die nur ihr gewiſſes
Ziel hat, nicht zueignen.

Trauet demnach ſolchen Betrügern nicht, die
euch von einem färbenden Schweſel oder ſolchen
Poſſen etwas herſchwatzen, und den neuen und
kurzen Nahmen Chymia, einer ſo alten und unendlichen Wiſſenſchaft beylegen. Nur allein
das Licht iſt es, das wahrhaftig vermehret werden kan, weil es zu und von den erſten Brunnen
der Vermehr- und Gebährung niederſteiget,
wenn ſolches zu einigem Leibe gefüget wird, erhöhet und verbeſſert es denſelben in ſeiner Art,
es mögen Thiere, Gewächſe oder Mineralia ſeyn,
welche letztern es läutert, und von dem gering-
ſten zu dem beſten Stand bringet, auch könnet
ihr zugleich bemerken, daß ieglicher Leib die leidenden Anfänge in ihm ſelbſt hat, in welche dieſes Licht würket, und daher dürfen ſie nicht von
Gold oder Silber entlehnet werden. Derowegen bedenket euch, die ihr dem Steine der Weiſen nachjaget, was es ſey, das ihr ſuchet, denn
dem, der da ſchaffet, kömmet eigentlich das Ver-
wan-

wandeln zu: Ihr ſuchet das Höchſte, und wer-
fet eure Augen auf das Niedrigſte: Zwey
Dinge ſind, nach welchen ſich ein jeglicher auf-
richtiger Chriſt umſehen ſoll, nemlich, nach dem
Wahren und dem Nothwendigen.

Wahrheit iſt das geheime Weſen aller Dinge, denn jegliches Geheimniß iſt Wahrheit, und
jegliche weſentliche Wahrheit iſt ein Geheimniß.
Ich rede aber hier nicht von auswendigen hiſtoriſchen Wahrheiten, die ſich auf gewiſſe Verrichtungen beziehen, ſondern von einer inwendigen
weſentlichen Wahrheit, welche Licht iſt, denn
Licht iſt die Wahrheit, und offenbahret die
Falſchheit, welche Finſterniß iſt.

Durch dieſe Wahrheit, und nicht ohne dieſel-
bige, kan alles, was nöthig iſt, zuſammen gefaſſet
werden.   Ich zog die Weisheit (ſpricht der weiſe König) dem Scepter und Thron vor, und
ſchätzete die Reichthümer in Vergleichung gegen
ſie vor nichts: Vielweniger verglich ich einigen
edlen Stein mit ihr, denn alles Gold iſt in Anſe-
hung ihrer nur wie kleiner Sand, und Silber
wie Thon zu achten; ich liebete ſie mehr als
Geſundheit und ſchöne Geſtalt, und erwehlete ſie
mir an ſtatt eines Lichts, denn das Licht, ſo von
ihr ausgehet, verliſchet nimmermehr. Alles
gute bekam ich zugleich mit ihr, und unzehliche
Reichthümer in ihren Händen: Und ich freuete
mich in dieſen allen, denn die Weisheit gehet vor
ihnen her, und ich erkannte, daß ſie dererſelben
Mutter war; iſt Reichthum eine in dieſem Leben

ben zu verlangende Besitzung, was ist reicher,
denn die alle Dinge würkende Weisheit?
Denn sie weiß als ein geheimer Rath um die
Geheimniße der Erkäntniß GOttes, und liebet
seine Werke.

GOtt hat mir gegeben zu reden, wie ich wün-
schete, und von denen Dingen, die mir gegeben
sind, so zu gedenken, wie es ihnen zukommet:
Weil er es ist, der zur Weisheit führet, und die
Weisen regieret, denn in seiner Hand sind beydes wir und unsere Worte, darzu alle Klugheit
und Kunst in allerley Geschäfte. Er hat mir
gewisse Erkäntniß gegeben derer Dinge, die da
sind, nehmlich, wie die Welt gemacht wurde,
und die Würkung derer Elementen zu wissen;
den Anfang, Ende und Mittel derer Zeiten, das
Auf- und Absteigen der Sonnen, und des Ge-
witters Verwechselung. Den Herumlauf derer Jahre, und den Stand der Sternen; Die
Eigenschaften derer lebendigen Creaturen, die
Grausamkeit derer wilden Thiere, die Heftig-
keit derer Winde, und die Berathschlagung derer Menschen; Die Unterschiedlichkeit der
Pflanzen, und die Kräfte derer Wurzeln, und
also solche Dinge, die entweder verborgen oder
offenbahr sind, indem die Weisheit, welche de-
rerselbigen Werkmeister ist, michs gelehret hat.
Denn in ihr ist der Geist, der verständig ist, hei-
lig, einiggebohren, mannigfaltig, scharf, klar,
lebensvoll, unbesudelt, deutlich, der keiner
Verletzung unterworfen ist, und das Gute liebet,

schnell,

schnell, der nicht verhindert werden kan, bereit-
willig Gutes zu thun, freundlich gegen die Menschen, beharrlich, sorglos, der alles vermag,
auf alles siehet, und durch die verständigsten,
reinesten und zärtesten Geister gehet. Denn die
Weisheit ist das allerbehendeste, und fähret und
dringet durch alles wegen ihrer Lauterkeit, denn
sie ist das Hauchen der göttlichen Kraft, und
ein reiner von der Herrlichkeit des Allmächtigen
strömender Einfluß, darum kan nichts unreines
zu ihr eindringen. Denn sie ist der Glanz des
ewigen Lichts, und der unbefleckte Spiegel der
göttlichen Kraft, und das Bild seiner Gütig-
keit. Sie ist einig, und thut doch alles, und begiebet sich zu allen Zeiten in die heiligen Seelen,
und machet sie zu Freunden GOttes und Propheten: Denn GOtt liebet niemand, er wohne
denn bey der Weisheit. Sie glänzet herrlicher
denn die Sonne und alle Sternen, und gegen
das Licht verglichen, übertrift sie dasselbe sehr
weit; denn nach ihr folget die Nacht, aber die
Bosheit überwältiget die Weisheit nimmermehr. So weit Salomon. Und abermahl
ein grösserer als Salomon: Trachtet am ersten
nach dem Reich GOttes, und nach seiner Gerechtigkeit, so wird euch das andere alles zufallen.
Denn gewißlich die zeitlichen Seegen folgen denen geistlichen nur hinten nach; oder klärer zu
reden: Wenn wir nur einmahl den Geist zu lieben anfangen, sendet er uns solches alles als Zeichen und Pfande seiner Liebe herab: Denn die
Erhö-

Erhöhung kommt weder vom Morgen noch vom Abend, sondern von GOtt, der sie giebet. Verum (inquit aliquis) est, esse a quo nihil abesse, cuique nihil adesse, multoque minus obesse potest. Necessarium id omne, quo carere non possumus. Veritas itaque summa virtus est, ac inexpugnabile castrum, paucissimis inhærentibus amicis, at innumeris obsessum inimicis, paulo minus quam toti mundo invisum, sed insuperabile pignus iis, qui possident illud. Hac in arce verus & indubitatus Sophorum Lapis & Thesaurus continetur, qui non erosus a tineis, nec perfossus a furibus, manet in æternum, cæteris dissolutis omnibus, multis in ruinam positus, aliis ad salutem. Hæc est res vulgo vilissima, spreta plurimum, & exosa, non tamen odibilis, at amabilis, & pretiosa supra Sophis, supra Gemmas, & aurum Obrizon: Omnium amatrix, omnibus ferme inimica, ubique reperibilis, & a paucissimis, quasi nullis, inventa, per vicos acclamans omnibus: Venite ad me omnes, qui quæritis, & ego vos ducam in veram semitam. Hæc est res illa tantum a veris prædicata Sophis, quæ vincit omnia, nec ab ulla re vincitur, Corpus, & Cor omne durum & solidum penetrans, ac omne molle consolidans, & ab omni duro resistendum confirmans. Nobis omnibus se facit obviam, & non videmus eam, vociferans, & alta voce dicens: Ego sum via veritatis, transite per me! quia non est alius ad vitam transitus, & nolumus eam audire. Odorem suavitatis emittit, sed non percipimus eum. Dapibus sese nobis liberaliter

in

in fuavitatem offert indices, & non degustatas
eam. Blande nos ad salutem trahit, & ejus tractui
resistentes, sentire nolumus. Quoniam facti su-
mus sicut lapides; oculos habentes & non viden-
tes, aures habentes & non audientes, nares non
olfacientes habentes, ore linguaque muniti non
degustantes, neque loquentes, manibus & pedibus
nil operantes, nec ambulantes. O miserum tale
genus hominum, quod lapidibus non est præstan-
tius, imo longe inferius eo, quod hoc, non illi ra-
tionem daturi sunt operationum suarum. Transmutemini, inquit, transmutemini de Lapidibus
mortuis in lapides vivos Sophicos. Ego sum vera
Medicina, corrigens & transmutans id quod non
est amplius, in id quod fuit ante corruptionem, ac
in melius, ac id quod non est, in id quod esse de-
bet. Ecce præ foribus conscientiæ vestræ sum,
noctes ac dies pulsans, & non aperitis mihi, tamen
expecto mitis, nec a vobis irata recedo, sed patiens
injurias sustineo vestras, cupiens per patientiam ad
eam exhortando vos ducere. Venite iterum,
atque sæpius iterum venite, qui sapientiam quæritis, & emite gratis, non auro nec argento, minus
laboribus propriis, quod vobis offertur ultro.
Sonora vox, suavis & grata philosophantium au-
ribus, O fons divitiarum inexhaustibilis, veritatem & justitiam sitientibus! O desolatorum im-
perfectioni solatium! Quid ultra quæritis morta-
les anxii? Cur infinitis animos vestros curis exa-
gitatis miseri? Quæ vestra vox excœcat dementia,
quæso? Cum in vobis, non ex vobis sit omne

(*Eug. Philal.*)   T   quod

quod extra vos, & non apud vos quæritis. Proprium hoc ſolet eſſe vulgi vitium, ut propria contemnens, aliena quæ ſunt, ſemper appetat. Proprium hic pro nobis appropriati ſumimus, nam ex nobis ipſis nihil habemus boni, ſed ſi quid boni habere poſſumus, ab eo qui ſolus eſt bonus, ſerimus acceptum: e contra quod habemus mali, nobis ipſi nos appropriavimus ex alieno malo per inobedientiam. Proprium ergo nihil homini eſt ex ſuo, præterquam malum quod poſſidet: Quod ex bono bonum habet, non ex ſeipſo, ſed contribute proprium habet, ex bono eum recipit tamen. Lucet in nobis (licet obſcure) vita lux hominum tanquam in tenebris, quæ non ex nobis eſt, ſed ab eo, cujus eſt. Hic illam plantavit in nobis, ut in ejus lumine qui lucem inhabitat inacceſſibilem, videremus lumen, & hoc cæteras ejus præcelleremus creaturas: Illi ſimiles hac ratione facti, quod ſcintillam ſui luminis dederit nobis. Eſt igitur veritas non in nobis quærenda, ſed in imagine DEI, quæ in nobis eſt;

Das iſt: Es iſt (ſagt einer) ein wahrhaftiges Weſen, von deme nichts ab ſeyn, deme nichts bey ſeyn, und deme vielweniger etwas ſchaden kan. Aber dasjenige iſt nothwendig, das wir nicht entrathen können. Derowegen iſt die Wahrheit die allergröſſeſte Tugend und ein unüberwindliches Schloß, welches wenig Freunde bewohnen, gegentheils von unzehlichen Feinden belagert, und nicht weniger als der ganzen Welt verhaſſet iſt; Aber ein Unterpfand, deme nichts abzu-

abzugewinnen, vor diejenigen, die es beſitzen.
In dieſem Schloß lieget der unzweifelbar wahre Stein und Schatz der Weiſen, welcher nicht
von Motten zerfreſſen, noch von Dieben durch-
graben, ſondern wenn alles vergangen, ewiglich
bleibet, der vielen zum Fall, vielen auch zum Heyl
aufgerichtet iſt.   Das iſt das ſehr geringe, ver-
ächtliche und verhaſſete, dennoch aber nicht Haſ-
ſens- ſondern Liebenswürdige, und bey denen
Weiſen höher als Edel - Steine und das feineſte
Gold gehaltene Ding.   Es iſt eine Liebhaberin
aller, dem doch ſchier alles gehäſſig, allerwegen zu
finden, wird faſt von niemand, oder doch ſehr wenigen gefunden, es ſchreyet jederman auf den
Straſſer an, ſagende: Kommet her zu mir alle
Suchenden, ſo will ich euch auf den wahren Fuß-
ſteig führen.   Das iſt dasjenige von denen
Weiſen allein ſo hoch geprieſene Weſen, welches
alles überwindet, und von keinem Dinge überwunden wird, das den Leib und ein jedes hartes
und dichtes Herz durchdringet, alles weiche verdicket, und beſtändig machet.   Es begegnet uns
allen, und wir ſehen es nicht, es ruffet mit lauter
Stimme: Ich bin der Weg der Wahrheit,
wandelt durch mich, weil kein anderer Weg zum
Leben führet! und wir wollen es nicht hören:
Es giebet einen ſehr lieblichen Geruch von ſich,
aber wir empfinden ihn nicht: Es giebet ſich uns
in unſern Speiſen täglich mit Ueberfluß und
oftmahls groſſer Lieblichkeit zu erkennen, allein,
wir ſchmecken nicht.   Es zeucht uns freundlich

zum

zum Heyl, wir aber wollen seinen Zug aus Widerspenstigkeit nicht fühlen. Denn wir sind
worden als die Steine; wir haben Augen, und
sehen nicht, Ohren, und hören nicht, Nasen, und
riechen nicht, Mund und Zunge, doch kosten und
reden wir nicht; Hände und Füsse haben wir,
und wollen doch nicht arbeiten noch gehen. O
des elenden Geschlechts der Menschen, welches
nicht besser, ja weit geringer ist als Steine, dieweil sie Rechenschaft geben müssen von ihrer Arbeit! Werdet verwandelt, ja werdet verwandelt aus Todten in lebendige Steine der Weisen.
Ich bin die wahre Arzney, welche alles verbessert
und transmutiret das, was nicht mehr ist, in das,
was es vor der Verwesung gewesen, und in ein
bessers, und das, was nicht ist, in das, was es
seyn soll. Siehe, ich stehe Tag und Nacht vor
der Thür eures Gewissens, und klopfe an, und
ihr thut mir nicht auf, demnach warte ich demü-
thig, und weiche nicht zornig von euch ab, sondern
trage eure Bosheit mit Gedult, begierig euch mit
Sanftmuth zu bewegen. Kommet doch, ja
kommet öfters wieder, die ihr Weisheit suchet,
und kauffet umsonst, nicht mit Gold oder Silber,
noch weniger mit eigener Arbeit, was euch frey-
willig dargereichet wird. O der helllautenden
Stimme! die lieblich, und denen Ohren der
Weisen sehr angenehm ist. O unerschöpflicher
Brunnen des Reichthums vor die, so nach
Wahrheit und Gerechtigkeit dürsten! O Trost
derer mit Unvollkommenheit verwüsteten! Was
suchet

ſuchet ihr doch ſo ängſtiglich, ihr Sterblichen?
Ihr Elenden, warum plaget ihr doch eure Ge-
müther mit ſo unendlichen Sorgen? Was vor
Vermeſſenheit verblendet euch doch? Weil in
euch, nicht aus euch alles iſt, was ihr auſſer euch
und nicht bey euch ſuchet.   Es iſt ein eigenthümliches Laſter des gemeinen Pöbels, daß es ſein
eigenthümliches verachtet, und allezeit, was
fremd iſt, verlanget.   Dieſes Eigenthümliche
verſtehe ich von dem uns zugeeigneten, denn von
uns ſelbſt haben wir nichts guts, ſondern wo wir
etwas Gutes haben, ſo haben wir es von dem,
der allein gut iſt: Hingegen was wir Böſes haben, das haben wir uns ſelbſt zugeeignet von einem fremden Böſen durch Ungehorſam.   Hat
alſo der Menſch nichts zu ſeinem Eigenthum aus
dem Seinen, als nur das Böſe, welches er beſitzet: Das Gute, das er von dem Guten hat,
hat er nicht von ſich ſelbſt, ſondern Zueignungs-
weiſe hat ers eigenthümlich aus dem Guten.
Es ſcheinet uns, (wiewohl dunkel,) das Leben
als ein Licht in der Finſternis, welches nicht aus
uns ſelbſt ſtammet, ſondern von dem, deſſen es
iſt.   Dieſer, ſo in einem Licht wohnet, da Niemand zukommen kan, hat es in uns gepflanzet,
auf daß wir in ſeinem Licht das Licht ſehen, und
dadurch die andern Creaturen übertreffen möchten; ſintemahl auf ſolche Weiſe wir ihm gleich
werden, weil er uns ein Fünklein ſeines Lichts
gegeben hat.   Derowegen ſollen wir die Wahrheit nicht in uns, ſondern in dem Bilde GOttes,
das in uns iſt, ſuchen.   T 3   Die

Dieses ist derjenige, dem die Rosenkreutzer den Nahmen eines Weisen gegeben, und aus dessen Schriften sie die meisten ihrer Unterweisungen geborget ad Candidatum quendam Germaniæ. Damit ihr aber solchen Stein zu bekommen desto besser verstehet, so höret, was er an einem andern Orte vorbringet:

Non prius, inquit, vera Cognitio, quam perennium & labilium, cum vitæ, tum interitus oblata comparatione, selegat anima cum animo conjungi, delectatione majori tracta hujus, quam corporis. Ex ea cognitione mens oritur, & corporis voluntaria separatio sumit exordium, cum anima respiciens ex una corporis fœtidatem & interitum, ex alterá parte præstantiam & felicitatem animi perpetuam, cum isto (divino sic disponente flatu) connecti cupit, altero penitus neglecto, ut hoc solum appetat, quod a DEO conclusum esse videt In salutem & gloriam, corpus in amborum jam unitorum unionem condescendere cogitur. Hæc est admirabilis illa Sophorum transmutatio corporis in Spiritum, & hujus in corpus, de qua dictum nobis relinquitur a Sapientibus: Fac fixum volatile, & volatile fixum, ut habeas magisterium nostrum: intellige, fac de pertinaci corpore tractabile, quod animi præstantia cum anima conveniente constantissimum fiat corpus, ad omnia sustinendum examina. Probatur autem aurum igne, quo reprobatur omne quod aurum non est. O præstantissimum Sophorum aurum, quo ditantur Sapientiæ filii, non illo quo cuditur!

Adeste,

Adeste, qui thesaurum Sophorum tam vario co-
natu quæritis, reprobatum a vobis lapidem co-
gnoscite, prius quis ille sit, antequam quæratur.
Mirum est super omne miraculum, quod quis-
piam appetat ignotum sibi: Fatuum certe vide-
tur id ab hominibus quæri, cujus veritatem non
norunt investigantes, qnia nihil in eo spei relinquitur. Suadeo igitur quibusvis perquirentibus,
ut cognoscant prius ejus quod quærunt, veram
existentiam, antequam quærant: Sic eos laboribus frustrari non continget. Sapiens quærit quod
amat, nec amare potest quod non cognoscit, alio-
quin insipiens esset: ex cognitione igitur natus
est amor omnium Veritas, quæ sola viget in
omnibus veris Sophis.

Und abermahl saget er: Frustra laboratis
omnes abditorum Naturæ secretorum indagato-
res, cum aliam ingressi viam, terrenorum virtutes
per terrena detegere conamini. Discite igitur
coelum per coelum, non per terram, sed hujus per
illius virtutes cognoscere. Nemo enim ascendit
in coelum quod quæritis, nisi qui de coelo (quod
non quæritis) descendit, prius illuminet eum.
Incorruptibilem quæritis medicinam, quæ corpo-
ra nedum a corruptione transmutet in verum tem
peramentum, sed etiam temperata diutissime
conservet: talem alibi quam in coelo reperire non
poteritis unquam. Coelum virtute sua per invi-
sibiles radios in terræ Centrum undique concur-
rentes, omnia penetrat elementa, & elementata,
fovetque nemo in seipso, sed in sui simili, quod

etiam ex ipso sit, generare potest. Fœtus etiam
promiscuus utriusque parentis in se naturam ita
retinet, ut in eo parens uterque potentia & actu
sit reperibilis.

Quis hærebit amplius nisi lapis in generatione
Sophica? Disce ex te ipso, quicquid est in cœlo,
& in terra cognoscere, ut sapiens fias in omnibus.
Ignoras, cœlum & Elementa prius unum fuisse,
divino quoque ab invicem artificio separata, ut &
te & omnia generare possent. Si hoc nosti, reli-
quum & te fugere non potest, aut ingenio cares
omni. Rursus in omni generatione talis separatio est necessaria, qualem de te supra dixi fiendam,
antequam ad veræ Sophiæ studia velum applices.
Ex aliis nunquam unum facies, quod quæris, nisi
prius ex te ipso fiat unum, quod audisti, Nam talis est voluntas Dei, ut pii pium consequantur
opus, quod quærunt, & perfecti perficiant aliud,
cui fuerant intenti. Malæ voluntatis hominibus
nihil, præter quod seminaverint, datur metere:
imo quod magis est, persæpe bonum eorum se-
men in lolium, propter eorum malitiam, convertitur. Fac igitur, ut talis evadas, quale tuum
esse vis, quod quæris opus.

Das ist: Die wahre Erkäntnis gehet nicht
eher an, es sey dann, daß bey angegebener Vergleichung des ewigen und zeitlichen, so wohl des
Lebens und Untergangs, die Seele verlange, sich
mit dem Gemüth zu vereinigen, als die da mit
viel grösserer Belustigung jenes, als des Leibes,
gezogen wird. Aus dieser Erkäntnis gehet das
Ge-

Gemüth auf, und die freywillige Scheidung des
Leibes nimmt ihren Anfang; dieweil die Seele
an einer Seite die Abſcheulichkeit und Untergang
des Leibes, an der andern aber die Vortreflich=
keit und ſtetswährende Glückſeligkeit des Ge=
müths ſiehet: Daher begehret ſie mit demſelben
(indem der Göttliche Geiſt es alſo ſchicket) ver=
einiget zu werden, verlaſſende alſo den Leib, ver=
langet ſie einzig und allein nach dem, was von
GOtt zu ſeiner Ehre und ihrem Heyl beſchloſſen;
Der Leib ſolches gewahr werdend, wird gleich=
ſam ſich auch mit dem vereinigten Gemüth der
Seelen zu verbinden gezwungen.   Dieſes iſt die
wunderbare Verwandlung derer Weiſen, nem=
lich des Leibes in den Geiſt, und des Geiſtes in
den Leib, davon ſie alſo reden: Mache das Fixe
flüchtig, und das Flüchtige fix, ſo haſt du unſer
Meiſter=Stück: Verſtehe, mache den unge=
ſchmeidigen Cörper geſchmeidig, auf daß er mit
der Vortreflichkeit des Gemüths und einer be=
quemen Seele, ein beſtändiger Leib werde, alle
Verſuchungen auszuſtehen.   Denn das Gold
wird im Feuer geprüfet, dadurch alles hinweg
fällt, was nicht Gold iſt.   O des fürtreflichen
Goldes der Weiſen, dadurch die Kinder der
Weisheit reich gemachet werden, ich meyne nicht
das gehämmerte Gold.   Kommt herzu, alle, die
ihr den Schatz derer Weiſen durch ſo vielerley
Bemühungen ſuchet; lernet erſtlich den von
euch verworfenen Stein, was er ſey, erkennen,
bevor ihr ihn ſuchet.   Es iſt ein Wunder über

T 5   alle

alle Wunder, das Jemand dasjenige verlanget,
was er nicht kennet; Wahrhaftig es ſcheinet
närriſch zu ſeyn, daß Menſchen dasjenige ſuchen,
deſſen Wahrheit ſie nicht wiſſen, dieweil ſie darinnen keine Hofnung zu gewarten haben. Derowegen rathe ich allen Suchenden, daß ſie desjenigen, ſo ſie ſuchen, wahre Weſentlichkeit vorher erkennen lernen, ehe ſie ſolches ſuchen, ſo werden ſie nicht vergeblich arbeiten. Ein Weiſer
ſuchet, was er liebet, und kan nicht lieben, was er
nicht kennet, ſonſt wäre er ein Narr: Denn aus
Erkäntnis derer Dinge, entſtehet die Liebe, eine
Wahrheit, ſo allein denen wahren Weiſen be-
wuſt. Und an einem andern Ort ſaget dieſer
Autor: Ihr Nachforſcher der verborgenen Na-
tur-Geheimniſſe, ihr arbeitet alle umſonſt, darum
weil ihr eine fremde Bahn wandelt, und die
Kräfte irrdiſcher Dinge zu entdecken euch unter-
ſtehet. Lernet derowegen den Himmel durch
den Himmel, nicht durch die Erde, ſondern dieſer
Kräfte durch jenes erforſchen. Denn Niemand
ſteiget in Himmel, den ihr ſuchet, es ſey denn, daß
der, welcher vom Himmel, den ihr ſuchet, kommet, ihn vorher erleuchte. Ihr ſuchet eine unverweßliche Arzney, welche die Leiber nicht allein
aus der Fäulung in ein wahres Temperament
ſetze, ſondern auch eine lange Zeit in dieſem Stande erhalte, ſolches aber könnet ihr nirgend als im
Himmel finden. Der Himmel durchgehet mit
ſeiner Kraft in unſichtbaren allenthalben hin-
ſchieſſenden Strahlen das Centrum der Erden,
durch-

durchdringet alle Elementa, und generiret alle
Elementata, und heget nichts in ſich ſelbſt, ſondern
in ſeines gleichen nur, und was aus ihm iſt, kan
er generiren.   Auch die Frucht von Vater und
Mutter behält alſo die Natur in ſich, daß in derſelben beyderſeits Eltern ſo wohl dem Vermögen
als der Würkung nach, gefunden werden. Was
wird nun hinfort aus der Sophiſchen Gebährung
als ein Stein? Lerne aus dir ſelbſt, das, was
im Himmel iſt, auch in der Erden erkennen, auf
daß du weiſe werdeſt in allem: du weiſſeſt nicht,
daß der Himmel und Elemente zuvor eins geweſen, und durch die Göttliche Weisheit von einander geſchieden worden, daß ſie ſo wohl dich, als alle
andere generiren könten; Wann du dieſes erſt
weiſt, ſo kan das übrige dir nicht verborgen ſeyn,
oder du muſt gar keinen Verſtand haben.   Iſt
demnach in jeder Generation eine ſolche Scheidung nöthig, welche auch bey dir geſchehen muß,
bevor du die Seegel der wahren Weisheit aus-
ſpanneſt.   Du wirſt aus andern nimmermehr
das eine machen, das du ſucheſt, es ſey denn, wie
du gehöret haſt, daß aus dir ſelbſt eins werde.
Denn das iſt der Wille GOttes, daß die From-
men das gute Werk, ſo ſie ſuchen, erlangen, und
wann ſie vollkommen, ſo machen ſie auch das
vollkommen, worauf ſie ihren Sinn gerichtet.
Böſe Menſchen erndten nichts anders, als was
ſie geſäet haben, ja was noch mehr iſt, es wird offt-
mahls ihr guter Saamen wegen ihrer Bosheit
in lauter Unkraut verwandelt.   Siehe derowegen

gen zu, daß du ein solcher werdest, wie du verlan-
gest, daß dein Werk seyn soll. Dieses weiset
nun auf die wahre wesentliche Wiedergeburth,
oder den geistlichen Tod, welcher der einige Endzweck der Magie ist, und damit ihr hierinne desto
gewisser werdet, so wiederholet bey euch fleißig folgende geheime Worte:

Agite dum igitur anima mea, corpusque me-
um: surgite nunc, animum sequamini vestrum.
Ascendamus in montem hunc excelsum nobis
oppositum, de cuius cacumine vobis ostendam
iter hoc bivium, de quo per nubem &sine lumine
locutus est Pythagoras. Nobis aperti sunt oculi,
tum prælucet sol pietatis & justitiæ, quo duce non
possumus a via veritatis deflectere. Volvite primum oculos vestros ad dexteram, ne videant vanitatem, antequam sapientiam perceperint. Vi-
detisne relucens illud, & inexpugnabile Castrum?
In eo se continet Sophicus amor, de cuius fonte
fluunt aquæ vivæ, quas qui degustavit semel, non
sitiet vanitatem amplius. Ab eo loco tam amœ-
no svavique recta progrediendum est ad amœ-
niorem, in quo Sophia morem trahit: de cuius
etiam fonte scaturiunt aquæ primis longe felici-
ores, quas qui gustarint inimici, pacem eos inire
necesse est: Eorum qui deveniunt eo plerique
solent altius tendere, sed non omnes optatum as-
sequuntur. Est locus ultra dictos, quem adire vix
licet mortalibus, nisi per divinum numen ad im-
mortalitatis gradum assumti sunt: at antequam
introducantur, mundum coguntur exuere, ca-
ducæ

ducæ vitæ ſpolio retento.   Non eſt, eo cum per-
venerint, quod amplius mortem timeant, imo
potius eam indies amplectantur ſvavius, quam in
mundo quid unquam ſvave judicatum eſt eis amplexu dignum.

Ultra hæc tria loca quicunque progrediuntur,
ab hominum oculis evaneſcunt.   Quodſi ſecundum & tertium locos videre lubet,   aſcendamus
altius. En ſupra Cryſtallinam primam arcem,
aliam argenteam videtis, ultra quam & tertiam
adamantinam, quarta vero non cadit ſub ſenſum,
donec ultra tertiam deventum ſit.   Hic eſt au-
reus perpetuæ felicitatis locus, ſollicitudinis ex-
pers, & omni repletus gaudio perenni.

D. i. Wohlauf, meine Seele, und mein
Leib, ſtehet auf, und folget nun eurem Gemüth,
laſſet uns auf dieſen hohen Berg gehen, und hinauf ſteigen, auf welchen ich euch den zweyfachen
Weg zeigen will, von welchem der Pythagoras
uns ganz dunkel geredet hat, aber uns ſeynd die
Augen der Gottesfürchtig- und Gerechtigkeit eröfnet, alsdann, durch ſolch Geleit, können wir
nicht abweichen von dem Wege der Wahrheit,
wendet eure Augen zum erſten auf die rechte
Hand, daß ſie nicht eitele Dinge, ehe ſie die
Weisheit vernommen haben, ſehen. Sehet ihr
nicht das wiederſcheinende und unüberwindliche
Schloß? In dem enthält ſich die Liebe der Weisheit, von welchen Brunnen flieſſen lebendige Waſſer; wer die einmal ſchmecket, den wird nicht
mehr nach Eitelkeit dürſten.

Von

Von diesem so hohen und lustigen Platz muß fortgeschritten werden, zu einem höhern und noch angenehmern, darauf die Weisheit selbsten wohnet und ist; von derer Brunnen auch Wasser springen, viel herrlicher als die ersten, welche, so sie die Feinde trinken, müssen sie nothwendig den Frieden annehmen: und die, so dorthin kommen, pflegen gemeiniglich viel höher fortzuschreiten, wiewohl sie doch nicht alle ihren Wunsch erlangen.

Es ist noch ein Ort auser die vorigen, zu welchem denen Sterblichen zu kommen nicht erlaubet ist, es wäre denn, daß sie durch göttliche Kraft zum Grad der Unsterblichkeit aufgenommen wären: jedennoch, ehe sie eingeführet werden, müssen sie die Welt, samt dem behaltenen Raub des vergänglichen Lebens ablegen. Wann sie dahin gelanget, so fürchten sie den Tod nicht mehr, sondern umarmen ihn täglich aus Liebe, mehr als alles, was in der Welt liebenswürdig geschätzet werden kan.

Alle diejenigen, so über diese drey Oerter kommen, verschwinden vor den Augen der Menschen.

Wollet ihr den andern und dritten Ort zu besehen belieben, so wollen wir höher hinauf steigen. Sehet da das erste crystallinische Schloß, dort sehet ihr ein silbernes, über welchem das dritte ndamantinische lieget; das vierdte kan nicht gesehen werden, bis man über das dritte kommet. Das ist der güldene Ort stetswährender Glück-
selig-

seligkeit, keiner Zerstöhrung unterworfen, und der mit aller ewiger Freude erfüllet ist. Dieser ist der erhabene Ort, von welchem der, so hinauf kommet, in einen feurigen Wagen mit feurigen Rossen tritt, und von der Erden mit Seel und Leibe versetzet wird. Solche waren Enoch, Helias und Esdras, denen diese Medicin durch den Engel Uriel gebracht wurde. Ein solcher war der in den dritten Himmel entzückete Paulus, desgleichen Zoroaster, dessen Gestalt verändert wurde, und derjenige Ungenannte, dessen Agrippa gedenket. Id ipsum inquit & de se prodidit sapiens quidam, ita ut scintillantes flammæ hinc inde etiam cum sono prosilirent; Das ist: Eben dieses hat auch ein Weiser von sich geschrieben, also, daß er hin und wider feurige und leuchtende Fünklein, die einen Schall von sich geben, ausfahren gesehen. Dieses war nach meiner Muthmassung R. C. der Stifter der christlichen und berühmten Gesellschaft, dessen Leib gleichfalls, Kraft der in seinem Leben gebrauchten Arzenen, bis auf diesen Tag, nebenst zwey kurzen Begriffen von zweyen Welten, unverweset liegt. Solche Elias wären auch seiner Brüderschaft Mitglieder, welche, wie ihre Schriften bezeugen, in dem übernatürlichen Lichte wandeln. Damit du aber, sagen sie, mit uns übereinkommest, so ist es nöthig, daß du dieses Licht sehest, denn ohne dieses Licht ists unmöglich, uns zu sehen, als nur wenn wir wollen, Ich weiß, hier werden etliche ungelehrte Schul-Geistliche, ehe sie dieses noch durch-

durchlesen, mit denen Jüden ausruffen: Hinweg mit einem solchen Gesellen von der Erde!
Gewißlich, sie sind Leute, denen ich nicht rathe, unsere Schriften weder zu lesen, zu verstehen, noch
daran zu denken; denn sie sind schädlich und
gistig, in denen sich der Mund des Flusses Ache-
ron (der die Verstorbenen empfähet) erösnet,
sie reden von Steinen, darum mögen sie sich hü-
ten, daß sie ihnen nicht auf die Köpfe fallen. Es
rühre sie ja niemand an, zu besehen, viel weniger
zu kauffen!

Hinweg, hinweg ihr Eitelgesinneten! fahret
nur fort in euren verderbten Einbildungen, damit die Gerechtigkeit ihren Ort behalte: folget
immerhin euren bettelhaften Anfängen, denen
Satzungen dieser Welt, welche bisher den heiligen und liebwerthesten Geist GOttes, durch welchen ihr doch auf den Tag der Erlösung versiegelt
werden sollet, nur betrübet haben. Derowegen
bedenket euch, weil ihr noch in dem Fleische lebet, und den Tag sehet, und wisset, daß GOtt
diejenigen, welche ihr mit seiner Wahrheit ver-
spottet habet, an dem Tage, da ihr wegen eurer
Unwissenheit nichts als Widerspenstigkeit vor-
wenden könnet, wider euch als Zeugen gebrauchen wird. In Wahrheit, GOtt selbst ent-
deckte dieses Wesen dem ersten Menschen, damit
er seine Hofnung von denen dreyen übernatürlichen Geheimnissen, als der Menschwerdung,
Wiedergeburth und Auferstehung in ihm befe-
stigte. Jamblichius betheuret solches mit nach-
folgen-

folgenden Worten: Traditam fuiſſe materiam
quandam a Diis per beata Spectacula, hæc ergo
illis ipſis tradentibus cognata eſt. Es ſey von
denen Göttern eine Materia durch gottſelige Geſichte mitgetheilet worden, die ſelbſt denen über-
reichenden verwandt geweſen. Und unſer vori-
ger chriſtlicher Auctor ſpricht folgendes an einem gewiſſen Orte: Es iſt kein Zweifel, daß
GOtt denen alten Vätern, und inſonderheit
denen, mit welchen er geredet, und einen Bund
gemacht, durch ſeinen Heiligen Geiſt eine Arzney, die ſie vor der Verweßlichkeit des Fleiſches
beſchützet, offenbahret habe. Darum werdet
ihr mir zu ſagen vergönnen, daß der vollkommene Zweck der Magiæ keinesweges natürlich
iſt, deſſen Kunſt

Attingit Solium Jovis & cœleſtia tentat:

bis an die Himmel und den Stuhl GOttes
reichet. Mit einem Wort, ſie ſteiget von dem
Licht der Natur in das Licht der Gnaden auf,
als derer Vollendung ganz theologiſch iſt.
Erinnert euch demnach, daß Elias ſeinen Man-
tel ablegte, und erſtlich durch den Jordan gieng,
ehe ihn der Wagen Iſraels abholete. Aber,
wie Agrippa ſpricht: Die Schatz-Kammer der
Wahrheit iſt verſchloſſen; Die Schrift iſt
dunkel, und hat ſo gar in hiſtoriſchen Erzehlungen ihren geheimen Verſtand. Wer ſolte
glauben, daß in der Geſchichte von Sara und
Hagar das Geheimniß derer beyden Teſta-
(Eug. Philal.) U mente

mente verſtecket wäre, wann es uns St. Paulus nicht berichtet hätte. Denn es ſtehet geſchri-
ben, ſagt er, daß Abraham zween Söhne hatte,
einen von der Magd, den andern von der
Freyen. Aber der von der Magd war, iſt
nach dem Fleiſch gebohren, der aber von der
Freyen, iſt nach der Verheiſſung gebohren;
die Worte bedeuten etwas, denn das ſind die
zwey Teſtamente, eines von dem Berge Sina,
das zur Knechtſchaft gebiehret, welches iſt die
Hagar, denn Hagar heiſt in Arabia der Berg
Sina, und beziehet ſich auf das Jeruſalem,
das zu dieſer Zeit dienſtbar iſt mit ſeinen Kin-
dern. Aber jenes Jeruſalem, das droben iſt,
das iſt die Freye, dieſelbe iſt unſer aller Mutter.
Ich könte nebenſt dem, was der königliche
Prophet weiſſaget, daß der Thau von dem
Hermon auf die Berge Sions herabfalle, welches nach dem Wort-Verſtand, weil allen
Welt-Beſchreibern die Entlegenheit des einen
von dem andern bekannt iſt, noch mehr Sprü-
che anweiſen, aber ich muß wieder zu dem vorigen kehren. Etliche derer Weiſen zwar, die
durch ſonderliche Gnade GOttes den Ternarius erlanget haben, konten nichts deſto weniger die vollkommene Arzney nicht erlangen,
verſtunden ſie auch nicht. Ich habe in allen
meinem Leſen nur ſechs Auctores, welche dieſes
Geheimniß völlig erkannt, angemerket. Der
erſte iſt ein Araber, ein zwar dunkeler, doch herrlicher Schreiber, von dem, wie ich es wahr-
nehme,

nehme, Arteſius alle ſeine Wiſſenſchaft entlehnet hat.   Der andere iſt ein chriſtlicher Ano-
nymus, der gröſſeſte, ſo jemahls in dieſem Stück
geweſen, indem er ſich zu der herrlichen metaphy-
ſiſchen Höhe, da der Archetypus die verſtändi-
gen Himmels-Zirkel abbildet, aufgeſchwun-
gen.   Die andern viere ſind in der Chriſtenheit
wegen ihres Ruhms gnugſam offenbar.   Obi-
ges Geheimniß nun wird vollbracht, wenn das
Licht durch eine ſchnelle und wunderliche Zu-
ſammenrinnung von dem Mittel-Punct in den
Umkreyß dringet,   und der göttliche Geiſt den
Leib dermaſſen verſchlungen hat, daß er, wie der
Mond und die Sonne,   nun ein verherrlicher
Leib worden iſt.   In dieſer Umdrehung (und
nicht eher) tritt es von dem natürlichen in den
übernatürlichen Zuſtand, weiln es nicht mehr
von dem Sichtbaren, ſondern Unſichtbaren er-
nähret, und von dem Auge des Schöpfers immerdar angeſchauet wird.   Nach dieſen werden
in Ewigkeit die materialiſchen Theile nicht mehr
an ihm geſpühret, und dieſes iſt derer Weiſen ſo
hoch geprieſene, und ohne Bosheit gebrauchte
Unſichtbarkeit, und der Weg, den die Propheten und Apoſtel giengen: und die erſt anfängliche Theologia, nicht das zänkiſche Geſchwätze
der Schulen.   Ich muß dich aber, geehrter
Leſer, warnen, daß, ſo ferne du durch das, was
hie geſchrieben, zu einiger Erkänntniß gelangeſt,
(welches ich ohne göttlichen Beyſtand vor unmöglich halte) du nichts ohne Vorſichtigkeit

U 2   unter-

unternehmeſt. Denn Agrippa ſaget mir: Derjenige, ſo es ungereiniget angreifet, bringet ein
Urtheil über ſich, und wird dem böſen Geiſt zu
verſchlingen gegeben.   Unter denen magiſchen
Erzehlungen findet ſich eine merkwürdige Geſchichte von einem Juden, der ohne Urlaub etliche geiſtliche Schätze zu ſich genommen hat, und
deswegen in eine Einöde verwieſen, und daſelbſt,
andern zum Beyſpiel, gefänglich verwahret
worden, darum will ich dir den beſten Rath mit
jenes Poeten Worten mittheilen:

Ornandum eſt, ut ſit mens ſana in corpore
ſano.

Du muſt GOtt um ein reines Herz und einen
neuen gewiſſen Geiſt bitten, und dich ſo lange
vorbereiten, bis du dem, den du zu dir einladeſt,
gleichförmig biſt.   Du haſt drey, die etwas
empfangen ſollen, und ſind auch drey, die dir
zu geben ganz willig ſind, ſchicke dein Gemüth
zu GOtt, ſo viel du kanſt, und was du nicht
vermagſt, wird er dir vollbringen helfen;
wenn du aber gleich dein Haus alſo beſtellet
haſt, wird deswegen dieſer hohe Gaſt doch nicht
ohne gebührende Nöthigung ſich einfinden, du
muſt ihn mit unverſchämten Geiſen beunruhigen, mit Ernſt anklopfen, und mit Seufzen
und Thränen ſo lange anhalten, bis du ihn
dazu bewegeſt. Dieſes iſt der Weg, auf den
du, um eine ſchnelle Erleuchtung zu bekommen,
wandeln muſt, und da wird ſich in dir ein Licht,
mit dem Licht ein Wind, mit dem Wind eine
Gewalt,

Gewalt, mit der Gewalt eine Wissenschaft,
und mit der Wissenschaft die aufrichtige Vollkommenheit eines gesunden Verstandes offenbaren, welches die Kette ist, die einen Weisen
ansehnlich machet. Denn, spricht Agrippa, die
herannahenden, zukünftigen, und andern verborgenen Sachen, welche denen Menschen auf
eine Göttliche Art vorher gesaget werden, zu erforschen, wahrhaftige Aussprüche zu geben, und
die den gemeinen Lauf der Natur übertreffen-
de Tugend-Werke zu verrichten, stehet nicht
geringen und ungelehrten, sondern allein denen
mit tiefer und vollkommener Lehre, untadel-
haften Leben und starken Glauben begabten
Menschen zu. Und an einem andern Orte:
Wer diese nicht hat, wird jenes nicht bewerkstelligen. Niemand aber hat sie, als der, welcher, nachdem er die Elementa bezwungen, die
Natur überwunden, die Himmel überwältiget,
und die Engel vorbeygehend bis zu dem Archetypus selbst aufgestiegen, wann er denn dessen
Mitwürker worden, so vermag er alsdenn alles.
So ferne du nun einmahl dahin auf-und wieder
herunter gestiegen,

> Tunc ire ad mundum Archetypum sæpe at-
> que redire,
> Cunctarumque Patrem rerum spectare li-
> cebit.

alsdenn hast du denjenigen Geist bekommen,
der da, was die wunderbaresten Mathematici,
die

U 3

die ungeheuren Magi, die neidiſchen Natur-
Forſcher, die Alchimiſten, ja was die mit är-
gerer Bosheit als der Teufel ausgerüſteten
boshaftigen Geiſter-Beſchwerer zu verheiſſen
ſich unterſtehen, zu unterſcheiden, und ohne alles Unrecht, Beleidigung GOttes, und ſeines
Dienſtes zu verrichten weiß. Eine ſolche iſt die
Gewalt, die derjenige, ſo von dem Lermen-
machenden Geſchrey dieſer Welt zu dem ſanften
Sauſen aufſteiget, nemlich von dieſer böſen
Erde oder Schlamm, mit welcher ſein Leib
im Bunde ſtehet, zu denen geiſtlichen unſichtbaren Elementen ſeiner Seelen, ille Deum vi-
ſum cupiet, diviſus videbit permiſtas Heroas, &
ipſe videbitur illis. Dieſes, werther Leſer, iſt
derer Chriſtlichen Weiſen Stein, ein Stein,
der uns in der Schrift ſo oft vorgehalten
wird. Er iſt der Fels in der Wüſten, weil er
ſo verborgen, und der eigentliche Weg zu ihm
ſo von wenigen erkannt wird. Er iſt der
Stein des Feuers in Heſekiel, und derſelbe in
Zacharias, auß welchem ſieben Augen ſind, wie
auch der weiſe Stein mit dem neuen Nahmen
in der Offenbarung. In dem Evangelio
aber, da Chriſtus ſelbſt redet, der darzu gebah-
ren war, daß er Geheimniſſe offenbarete, und
der Erden den Himmel mittheilete, wird er klärer beſchrieben. Er iſt das Salz, welches ihr
in euch haben ſollet, das Waſſer und Geiſt,
woraus ihr wiedergebohren werden müſſet, und
der in die Erde fallende und ſich hundertfältig
ver-

vermehrende Saame. Betrüge dich, o Leſer!
nicht mit mir, ich bin kein Mann von ſolchen
Gaben, erwarte auch ſolchen Segen nicht nach
einem ſo groſſen Maaß in dieſem Leben, GOtt
iſt mir nichts ſchuldig, ich kan von mir nichts
mehr, als mein Meiſter von ſich, ſprechen: Ich
bitte doch, halte mich als einen vor der Thür
bleibenden Anweiſer, der andern zeige, wohin
der Weg gehet. Siehe, ich will redlich mit dir
handeln; weiſe mir nur einen einigen guten
Chriſten, der da ein ſolches Geheimnis zu empfangen bequem und geſchickt ſey, ſo will ich
ihm die rechte unbetrügliche Handleitung, daſ-
ſelbe zu bekommen, entdecken; darneben muß
ich dir dieſes melden, du würdeſt gleichſam
wenn du dieſes Geheimnis mit klaren Worten ſolteſt erzehlen hören, in Verwunderung er-
ſtarren, denn es kan nicht in des natürlichen
Menſchen Herz kommen, wie nahe ihm GOtt
ſey, und wie er gefunden wird, doch genug von
dieſem. Ich will nun von einer natürlichen
himmliſchen Arzney etwas reden, welche letz-
tere etlichen Weiſen gemein iſt, aber, wie wenig
ſind derer, ſo die vorige erlangen. Der gemeine Chymiſt arbeitet ohne alles Mittel mit
gemeinem Feuer, darum richtet er nichts aus,
denn er würket nicht wie GOtt, zur Erhaltung, ſondern zur Verderbung, und vollendet
allemahl ſein Vorhaben in der Aſche. Gebrauche du es mit der mittleren Feuchtigkeit, ſo
werden deine Materien in einem dritten Ele-
U 4 ment

ment ruhen, da die Grauſamkeit dieſes Wü-
terichs nicht hinreichen kan, ſondern nur ſeine
Seele; auch iſt noch ein beſſerer Weg: Denn
ſo du ihn mit dem Geiſte des Himmels ver-
mengen und beſänftigen kanſt, haſt du aus
einem zerſtöhrenden ein gebährendes Feuer gemacht: Treibe das mittlere Natur-Feuer
durch den Triangel und Zirkel in die Höhe,
bis du zu dem Bruche der untern und obern
kommeſt, und ſcheide endlich von der magiſchen
zuſammengeſetzten Erde denjenigen Anfang,
welcher die mittlere Erde genannt wird, indem
ſie zwiſchen dem einfachen und zweyfachen ſtehet, denn wie ſie nicht zu der Einfältigkeit des
erſten gehöret, ſo iſt ſie auch von denen Unreinigkeiten des andern gänzlich befreyet. Dieſe iſt der wahre Cryſtalliniſche Fels, eine klare,
ſichtige, jungfräuliche Erde, ohne Flecken und
Finſternis, ſie iſt die in dem Æther durchläu-
terte magiſche Erde, ſo in ihrem Bauche Wind
und Feuer träget, und nachdem du dieſen
Grund einer neuen Welt bekommen, ſo verei-
nige den Himmel nach einem dreyfachen Ge-
wichte der Erden, und gieb ſolchen beyden eine
gebährende Wärme, ſo werden ſie von oben
das Sternen-Feuer der Natur an ſich ziehen,
denn wirſt du die Herrlichkeit der ganzen Welt
haben, daher alle Tunkelheit von dir fliehen
wird. Wiewohl nun das Geſetz der Natur
unbetrüglich, und durch GOttes königlichen
Beyfall vor die Creaturen bekräftiget iſt, darſſt
du

du deswegen nicht meynen, als ob du ihm damit etwas abzwingen woltest, denn er kan dasjenige, was er allgemein beſchloſſen hat, in be-
ſondern Stücken auch wieder aufheben. Erinnere dich, wer brachte den Thau von der Erden auf das Fell, und von dem Fell wieder auf
die Erde? GOtt giebet keinen Seegen zu
etwas, wenn ſolcher nachgehends zum Fluch
werden ſoll, er verfluchte vormahls die Erde um
Adams willen, ſiehe zu, daß er ſie nicht in deinem Werke deinetwegen verfluche, es iſt vergeblich ohne den GOtt der Natur, einen
Seegen von derſelben zu erwarten; denn die
Schrift ſaget, daß ohne Widerſprechen das
Geringere von dem Beſſern geſegnet werde,
auch muß der ein guter Haushalter ſeyn,
der die Schätze GOttes überſehen will.
Habe demnach eine liebreiche ſeraphiniſche
Seele, und laß ſowohl auf dich ſelbſt, damit du
nicht, wie die meiſten pflegen, dich zerſtöhreſt,
als auch auf die Armen, wie die meiſten nicht
thun, deine Liebe ausflieſſen. In einem jeglichen Chriſten iſt eine Art, ich kan nicht ſagen ein
Körnlein des Glaubens, denn ſo könnten wir
Wunder thun, wiſſe aber, daß, gleichwie GOtt
des Glaubens Vater iſt, alſo die Liebe deſſen
Säug-Amme ſey. Denn von Liebes-Wer-
ken entſtehet eine Hofnung zum Himmel, und
wer wird nicht gerne gläuben, was er zu erlangen hoffet. Von denen Werken der Finſternis aber entſpringet gar keine Hofnung, und

folglich auch kein Glaube, ohne nur ein ſolcher,
wie ihn die Teufel haben, als die da gläuben
und zittern. Vertiefe dich nicht in denen Heſen
und Grund-Suppe der Welt, habe dein Herz
im Himmel, und deine Hände auf der Erden:
Steige in Gottesfurcht auf, und in Liebe herab,
denn das iſt die Art des Lichts, und der Weg der
Kinder deſſelben. Am allermeiſten aber hüte
dich unſchuldig Blut zu vergieſſen, denn es ſchei-
det dich in dieſem Leben gänzlich von GOtt ab,
und erfodert eine zeitliche und ernſtliche Büſſe,
ſo ferne du ihn in dem Zukünftigen zu ſchauen
gedenkeſt. Zu deiner leiblichen Erquickung
kanſt du des Winters bey dem Studiren liebli-
ches Rauchwerk gebrauchen, und deine Lampen
mit Specerey zurichten, nicht aus Uebermuth, ſondern weil es die Lebens-Geiſter und das Gehirn ſtärket. Den Sommer über gehe in das
Feld, da alles von dem Odem GOttes grünet,
und mit denen Himmels-Kräften erfriſchet
wird. Lerne alle natürliche Dinge ihren geiſtlichen beyfügen, durch den Weg der verborgenen
Gleichförmigkeit. Denn ſolchen haben die
Weiſen gewandelt, und Wunder erfunden.
Viel ſind, die ihre Gedanken nicht zu GOtt
tichten, bis ihrer die Welt überdrüßig iſt, zu
ſolchen Gäſten möchte er ſprechen, weil ihr euch
niemand aufdringen könnet, wollet ihr zu mir
kommen. Denke du im Anfange an ihn, ſo
wird er am Ende zu deinen Gedanken reden.
Bisweilen magſt du in grünen Wäldern her-
um-

umgehen, welche voller Herꝛlichkeit ſeynd, deiner
Seelen Vortheil geben koͤnnen, biszweilen auch
bey klaren, lauffenden Fluͤſſen, denn bey denen,
ſagen die myſtiſchen Dichter, hat Apollo ſeine
Betrachtungen gehalten.

Omnia, quæ Phœbo quoriam meditante boni
    Audiit Eurotas? &c.

Alſo habe ich bey denen Ufern Iſca manche liebe
Stunde zugebracht.

O mein Cryſtall'ner Fluß, nun iſt die Nacht
    vergangen,
Indem des Tages Licht ſie gleichſam nimmt ge-
    fangen,

Die Nebel fliehen weg, dieweil der Sonnen-
    Schein,
Den Himmel lachet an, ſolt ich nicht froͤlich
    ſeyn?

Was vor Belohnung ſoll ich dir anitzo geben
Vor deine Stroͤme, die mich ohne Schlaf zu
    leben

Bewegen, daß ich ſtets betrachte derer Lauf,
Der bald herabwaͤrts geht, bald wieder ſtei-
    get auf?

Ich

Ich wache immerdar, und schaue meine Sternen,
Bis daß sie müde sind, und sich von mir entfer-
nen,

Auch die Planeten sind nach ihrer Ordnung
hier,
Daß ich sie zehlen kan, o wunderbare Zier!

Soll ich dein Alter jetzt samt der Geburth er-
fragen,
Und ohne Teuscherey mit klaren Worten
sagen,

Bist du dem Hiddekel und Pison etwa
gleich?
Nein, du bist hergebohrn stracks mit dem Er-
ben-Reich.

Ich will noch etwas mehr von deinen Schätzen
singen,
Und meine Seele recht mit dir in Gleichheit
bringen,

Daß, wie ich meinen Leib von aussen klei-
de an,
Sie auch geschmücket sey auf der gerechten
Bahn.

Was

Was vor ein lauffendes und klar Crystallnes
    Wesen
Kommt mir in meine Hand, das so gar auser-
    lesen?

Ey so soll mein Gemüth auch ganz geläutert
    seyn,
Wie deine Geister sind von allen Hefen
    rein.

Sonst möchten sie nach Wunsch nicht aufwärts
    können steigen,
Und sich nur bloß zu dem, was irrdisch heisset,
    neigen,

Drum auch hochnöthig ist, daß mein Geist
    Seel und Leib
Ganz unbesudelt sey, und sein unsträflich
    bleib.

Dein niedrigs Ufer oft mich sonderlich ergötzet,
Darüber sich mein Herz verwunderend ent-
    setzet;

Ingleichen daß dein Kleid auf Erden immer-
    dar
Nur schlecht und einfach ist, wiewohl es hell
    und klar.

         Der

Der Demuth Beyſpiel iſt an dir gar hübſch zu
ſehen,

Drum will ich in der Stadt ganz niederträch-
tig gehen,

Nicht hegend ſolchen Sinn, o ſehet her auf
mich!

Es iſt mein güldnes Kleid, mein Degen, Hut
und ich.

Du bildeſt klärlich ab die Frömmigkeit, es wei-
ſet

Sich an dir leiblich aus, was uns die Liebe heiſ-
ſet,

Weil deine Waſſer gern bereicheren ein
Land,

Das deine Freyheit hemmt durch eine feſte
Wand.

Sie nähren es mit Luſt, obſchon die ſanften
Wellen

Als im Gefängniß ſind; doch ſieht man jene
quellen;

Merkt die Beſchirmer wohl! ich lerne hier von
euch,

Dem Feinde gutes thun, daß ſein Herz werde
weich.

Dem

Dem Armen will ich gern mit meinem Reichthum dienen,
Indem deswegen mir die Hülfe ist erschienen,

Wie deine Ströme auch ein ödes, wüstes
Feld
Mit Früchten füllen an, wenn man es recht
bestellt.

Diß alles, theurer Fluß, kan dein Vermögen
zeigen,
Wiewohl viel Tugenden ich annoch muß ver-
schweigen,

Komm, lauffe zu mir her, und laß es bald ge-
scheh'n,
Daß ich mich trinke satt, so will ich von dir
geh'n.

Ich merke, daß du mir im Lauffen abgewin-
nest,
Drum eile ich zu GOTT, wie du zum Meere
rinnest:

Wenn nun durch Weinen erst mir fehlt der
Augen Licht,
Wie deinen Strömen auch zu seiner Zeit ge-
schicht:

So

So wünſche ich zugleich), daß ſolche Herzens-
Thränen

Den Weg zur Buſſe mir hierunter mögen bäh-
nen,

Bis ich nach aller Angſt gen Himmel ſteige
auf,

Wie du auch endlich pflegſt, wenn ſtille ſteht
dein Lauf.

Auf dieſem Wege wolte ich, daß du wan-
deltest, ſo ferne du ein vollkommener und chriſtlicher Philoſophus zu werden geſinnet biſt: Du
muſt, wie Agrippa ſagt, mit GOtt und denen
Engeln leben, und alles, was dem Himmel ungleich iſt, verlaſſen, ſonſt kanſt du mit denen obern
keine Gemeinſchaft haben: Unus eſto tecum,
ſed cave, ne ſolus. Meide ſo wohl die Vielfältigkeit derer Gemüths-Bewegungen, als
auch des Umgangs mit denen Menſchen. Endlich, was die Auctores betrift, ſo rathe ich dir,
keinen neuen, ohne nur dem Sendivogius, und
dem, der die Phyſicam reſtitutam geſchrieben,
inſonderheit ſeinem erſten in gewiſſe Lehr-Sätze verfaſſeten Theile, zu trauen, die übrigen,
ſo ich geſehen, ſchieben nur ihre eigene Erfindungen mit unter, welche ſchier mit denen Grillen des Carthes oder Bovilli mathematiſchen Ro-
ſen zu vergleichen ſind.

Zum

Zum Beſchluß erwege fleiſſig, daß jeglicher
Tag ein zuſammen gezogenes Jahr, und jegliches Jahr ein ausgedehnter Tag ſey, hole das
Jahr in dem Tage ein, und verliere nicht einen
Tag in dem Jahre: Gebrauche undeterminirte
Agentia, bis du ein determinirtes finden kanſt:
Die vielen mögen gutes wünſchen, aber nur ein
einiges liebet. Der Umkreiß zerſtreuet, aber der
Mittel-Punct faſſet zuſammen: Alſo löſen die
obern auf, und die untern verdicken. Stehe
nicht lange in der Sonnen noch in dem Schatten; wo die äuſerſten Theile zuſammen kommen,
da ſiehe dich nach denen mittleren um: Aus deinen Irrthümern lerne deiner Sachen gewiß, und
aus deinen Unglücks-Fällen beſtändig ſeyn;
nichts ſtärkers iſt, als Beharrlichkeit, denn ſie
endiget ſich in Wundern.

Ich könte dir mehr Anweiſung geben, aber das
würde dich nur verwirren, lerne dieſes erſtlich,
ſo wirſt du das übrige ſelbſt empfinden. Nunmehro habe ich, geehrter Leſer, die Erkäntniß, ſo
mir GOtt, um nach meinem Gewiſſen mit ſelbiger zu wuchern, verliehen hat, öffentlich dar-
geleget; ich habe mein Licht nicht unter die Schef-
fel geſtellet, noch mein Pfund in die Erde vergraben; Ich will nun Abſchied nehmen, und den
näheſten nach mir überlaſſen: Etlicher Peripatiſten Urtheil wird mir vielleicht an ſtatt eines Luſt-
Spiels dienen, weil ich allezeit wahr genommen,
daß die Zänker nur verlachet, aber niemahls hoch

(Eug. Philal.)   X   geſchä-

geschätzet werden: Desgleichen wer eine Rede mit Worten vermehret, der machet eine ernstliche Sache lächerlich: Das einige Mittel wider einen Lästerer ist Stillschweigen, und der beste Weg, die Narren zu überweisen, ist, sie gering achten. Glückselig sind, die solches erkennen, insonderheit aber, welche dieses, wie sie in die obern Wohnungen aufsteigen mögen, ihre vornehmste Sorge seyn lassen; Gewiß ist es, daß sie allen Spott und Schmach verlachend endlich ihr Haupt empor heben werden. Wenn du, o Jehovah, mein GOTT, mich wirst erleuchtet haben, so werden meine Finsternissen Licht werden.

E N D E.

Register.
Derer in diesen Büchern befindlichen vornehmsten Materien.

A.

       X 2   sind

Betrach-

X 4   Ge-

Ignis

I.

K.

L.

Lehre

Mate-

P.

Q.

R.

S.

Register.

Tradi-

Weiſſa-

CPSIA information can be obtained
at www.ICGtesting.com
Printed in the USA
BVHW011457020422
633167BV00005B/115